MARRIAGE RULES
A MANUAL FOR THE MARRIED AND THE COUPLED UP

婚姻有道

让你拥有提升婚姻品质的能力

[美] 哈丽特·勒纳 (Harriet Lerner) 著

曲贝贝 译

图书在版编目（CIP）数据

婚姻有道/(美) 哈丽特·勒纳 (Harriet Lerner)著；曲贝贝译.—北京：华夏出版社有限公司，2021.1

书名原文：Marriage Rules: A Manual For The Married And The Coupled Up

ISBN 978-7-5080-9948-4

Ⅰ.①婚… Ⅱ.①哈…②曲… Ⅲ.①婚姻—通俗读物 Ⅳ.①C913.13-49

中国版本图书馆CIP数据核字(2020)第090426号

Previously Published in hardcover by Gotham Books.
First trade Paperback edition, January 2013.
Copyright©2012 by Harriet Lerner.
All rights reserved including the right of reproduction in whole or in part in any form.
This edition published by arrangement with Avery, an imprint of Penguin Publishing Group, a division of Penguin Random House LLC.

版权所有 翻印必究

北京市版权局著作权合同登记号：图字01-2016-9875号

婚姻有道：让你拥有提升婚姻品质的能力

作　　者	[美]哈丽特·勒纳
译　　者	曲贝贝
责任编辑	马　颖
责任印制	刘　洋
出版发行	华夏出版社有限公司
经　　销	新华书店
印　　刷	三河市少明印务有限公司
装　　订	三河市少明印务有限公司
版　　次	2021年1月北京第1版　2021年1月北京第1次印刷
开　　本	880×1230　1/32开
印　　张	7.5
字　　数	180千字
定　　价	59.80元

华夏出版社有限公司 地址：北京市东直门外香河园北里4号 邮编：100028
网址：www.hxph.com.cn 电话：(010)64663331（转）
若发现本版图书有印装质量问题，请与我社营销中心联系调换。

写在前面的话

《婚姻有道》这本书是我受到迈克尔·波伦（Michael Pollan）创作的讲述健康饮食的小册子《饮食之道》(*Food Rules*)的启发所写。这是一本饮食指南，指引我们依据简单的准则来决定每天的饮食。"早餐不要吃会让牛奶变色的麦片，"波伦如是建议，"也不要轻易尝试连你老祖母都不认可的食物。"他在书中提出的所有建议都是一个想要吃得明智健康的人所应该了解的。他认为：饮食，并不需要太复杂。

在翻阅《饮食之道》的过程中，我心有所动：婚姻不也是如此吗？婚姻，是占用一个人生命时光最长，却又极易被随意对待的重大事件。为什么不能有一本不提婚姻的机制理论，而尽述幸福婚姻之道的书籍呢？诚然，婚姻远比饮食复杂，但我认为，即使再复杂，伴侣们依靠百余条定律足以打造幸福的婚姻，至少会创造最佳的成功机会。

在此，我很感激迈克尔·波伦给我的启示——简单而行通常是处理复杂之事的最佳方法。

前言　婚姻其实很简单

当人们想要拥有一个好婚姻或者想知道更和谐的婚姻关系应该怎样经营时，他们一般会去寻求婚恋专家的帮助。在一对新人的结婚誓词里，我找到了他们想要的。

那天，新人依次向对方宣誓：

> 我承诺我将永远爱你、敬你。
> 我承诺我将永远待你忠诚和公正。
> 我承诺我将用心听你所说的每一句话。
> 我承诺当我犯错时向你道歉，在我伤害了你后会尽力弥补。
> 我承诺我将为你洗衣做饭。
> 我承诺无论是你开心还是难过，我都是你可以信赖的伴侣和朋友。
> 我承诺我将在我们的婚姻里展现最好的自己。

你认为这对新人是怎么想到这些承诺的？是从无数关于"如何拥有一段幸福的婚姻关系"的书籍和文章里总结出来的，

还是咨询众多心理专家及婚姻咨询师后心有所感，又或是研究了有关婚姻成败的最新调查报告而得出了结论？

当然都不是。事实上，他们没有请教任何人，只是听从自己的内心、自我的价值、生活经验以及黄金法则①，有感而发。当我们到了要结婚的年纪时，多半已经看透了身边人的婚姻，对婚姻幸福与否的决定性因素了然于胸，也大都熟知"你想别人怎么对待你，你就要怎么去对待别人"这条金科玉律。

如果这对新人每天践行他们的承诺，即便不是悉数付诸行动，他们的婚姻也会足够美满，哪里还需要专家的规劝和建议呢！

现实生活没有那么简单

世界上目前有约一半的婚姻行至中途便遗憾结束，显然，这多半是因为伴侣们没有信守自己当初的承诺，并没有实施自己的美好计划，就像我们明明知道吃什么有益健康，却仍旧做不到健康饮食一样。此外，矛盾的是，越是长久和重要的关系，身处其中的我们就越容易表现得不成熟与不体贴。

现实生活棘手又复杂。当我们开始与另一个人共同生活时，钱财要共享，性生活要协调，而且每天都少不了油盐酱醋。此外，还有双方从各自原生家庭中携带而来的情感包袱、所有在

---

① 合理情绪疗法的创始人、美国著名心理学家阿尔伯特·艾利斯提出：你想别人怎么对待你，你就要怎么去对待别人。此即黄金法则。

过去并未得到解决的问题，更不用说在我们自己的生活中一点点堆积成山的压力了。如果我们再生养或收养一个孩子（要对亲生的和收养的孩子一视同仁），那么这段婚姻关系的经营将愈发艰难，因为在婚姻中没有什么比增加或失去一个家庭成员更棘手的了。可实际上，让我感到非常惊奇的是，即便家中多了一个孩子后情况更加复杂艰难，但婚姻很少会在这个孩子满周岁前结束。

争吵或逃跑

随着年龄渐长，我对婚姻渐渐充满了敬意与谦卑之情。当我们在婚姻中积压的焦虑情绪过多且长时间得不到疏导时，即便是一段非常成熟的婚姻，也会遭遇危机。

我要一直提醒读者的是，即便再完美的婚姻，也会因为双方关系的变化而陷入困境。非战即逃是我们的本能反应。但婚姻就像是避雷针，会吸收来自四面八方的焦虑与紧张，压力便是它们敲响的警钟。

生活就是一场接一场的考验，所以婚姻中的两个人反复出现冲突（争吵）与疏远（逃跑）本也正常，但老天绝不会在你情绪低落时对你额外关照，周遭的事情可能一如往常：你母亲的健康可能仍会每况愈下，你的爱犬照样会死去，你的儿子依然会叛逆，你的丈夫还是会失业。当这所有的不幸接踵而来时，除非你是一位圣人或得道高僧，否则你做不到不受干扰。所以，先从打造与伴侣的亲密关系着手吧，因为这是伴侣携手排除万难的第一步。

你是否真想拥有更幸福的婚姻

下文中的婚姻定律虽然看似简单，但真正在行动上做出相应改变是很困难的，特别是要一直坚持下去。在婚姻中，就像学习一门新语言或制定一份健身计划一样，最重要的是我们要有达成目标的动力。

在把幸福婚姻定律付诸行动前，你需要：

1. 拥有经营更加幸福的婚姻的善意与真心。
2. 以开放的心态关注自我（不是指自我责备，而是指学会观察并改变自己在痛苦婚姻里的惯有应对方式）。
3. 愿意大胆尝试改变。
4. 愿意在日常生活中实践，实践，再实践。

任何值得做的事情，要想真正做好都是需要反复练习的，打造幸福的婚姻也是如此。我们可以练习选择快乐的生活方式，而不是非要在意见不合时争对错、论输赢；练习让生活多些趣味、宽容；学会表达自己内心的想法，同时又能保持放松的心态；甚至在对方行为恶劣时，练习保持冷静与包容；还要练习在要事上坚定自己的立场，绝不因为考虑到婚姻的压力而轻易妥协或让步。

　　了解婚姻的运作规律是有帮助的，虽然有时我们依据自身的习惯便能与爱人安然相处，但更多的时候，我们需要站在极富想象力与突破惯性思维的新角度看待问题。所以，不妨读一读这些中肯的婚姻定律，看你能否从中受到启发，做出新的尝试。试着从简单易做的事情开始，即便是微不足道的积极改变，终有一天也会积累成完美的蜕变。相信你在某一天会感激自己所做的所有尝试！

目录

第一章 实现理解与包容需要掌握什么 　001
- 定律1　差异只是差异，无关是非对错 　003
- 定律2　每个人都有自己表达亲密的独特方式 　005
- 定律3　寻找最合适的时机 　006
- 定律4　牢记5∶1沟通原则（积极的和消极的语句数量比为5∶1） 　007
- 定律5　你对伴侣的欣赏越具体越好 　009
- 定律6　你的心知道该做什么 　010
- 定律7　选择快乐，不争对错 　012
- 定律8　"假装"伴侣已是他应有的样子 　013
- 定律9　答应了伴侣的就一定要做到 　014
- 定律10　改变先从自己开始 　016

第二章 评判是亲密关系的敌人 　019
- 定律11　熟练使用"我"语言 　022
- 定律12　避免掉进伪"我"语言的陷阱 　023

定律 13　会提建设性的建议　　　　　　　　　　　026
定律 14　即使抱怨也要讲求技巧　　　　　　　　027
定律 15　三句话练习　　　　　　　　　　　　　028
定律 16　沟通切勿趁热打铁　　　　　　　　　　029
定律 17　不偏离话题：一次只说一个问题　　　　030
定律 18　出其不意地赞美　　　　　　　　　　　031
定律 19　一天只能批评一次　　　　　　　　　　032
定律 20　少说建议：放手给伴侣试错的机会　　　034
定律 21　从模棱两可的回答中辨别出伴侣的真实意图　035

第三章　倾听是获得亲密关系的最佳方式　039

定律 22　不要急着说什么，听着就好　　　　　　042
定律 23　保持一颗好奇心：你永远不可能和配偶感同身受　043
定律 24　打破各持己见的沟通模式　　　　　　　045
定律 25　堵上耳朵后就只剩下了嘴巴　　　　　　047
定律 26　在你感到不适时可以结束倾听　　　　　049
定律 27　减轻自己防御心理的 12 步　　　　　　050
定律 28　学会表达自己的看法　　　　　　　　　053
定律 29　引导伴侣以你想要的方式去沟通　　　　054
定律 30　为自己建立倾听的底线　　　　　　　　056
定律 31　直接表达你的需求　　　　　　　　　　058

第四章　学习和疏远自己的伴侣建立新的连接　061

定律 32　你是依恋者还是疏离者　　　　　　　　065

定律33	给伴侣足够的私人空间	066
定律34	学会理解疏离	068
定律35	主动营造和谐的亲密环境	070
定律36	减少情绪波动	072
定律37	试着转移注意力	073
定律38	创造"无手机时间"	074
定律39	首先关注自己	075
定律40	警惕这些危险信号	077
定律41	如果你是疏离者	078

第五章 争吵的意义　　　081

定律42	吵架之前先立下规矩	084
定律43	想象家里住着一位贵客	085
定律44	停止争吵是婚姻幸福的第一步	086
定律45	及时接住对方抛来的"橄榄枝"	087
定律46	主动停止争吵	089
定律47	学会尊重对方的弱点	090
定律48	诚挚的道歉可以修复破裂的感情	092
定律49	不强求对方道歉	093
定律50	学会灵活变通：为对方改变自己	095
定律51	不要拿离婚作威胁	096
定律52	你可以偶尔失去理智	097
定律53	当心婚姻里的四位毁灭者	099

第六章　你的性生活你做主　101

- 定律 54　没有所谓的"前戏"　104
- 定律 55　勇于尝试　106
- 定律 56　给你的性幻想冠上"正常"二字　107
- 定律 57　不要评判你的性欲　108
- 定律 58　不要等到自己"性致勃勃"了再做爱　110
- 定律 59　增强你承担家务的意识　111
- 定律 60　女人要告诉伴侣自己想要什么，男人则要试着减少抵触情绪　112
- 定律 61　看清在床上跳的依恋—疏离双人舞　114
- 定律 62　依恋者别再依恋，疏离者别再疏离　115
- 定律 63　永远不要坚信伴侣和自己情比金坚　118
- 定律 64　设定界限　120
- 定律 65　知道何时紧掩大门　121
- 定律 66　不要让伴侣的婚外情搅了大局　123

第七章　父母相爱是送给孩子最好的礼物　125

- 定律 67　不要让孩子取代伴侣的位置　128
- 定律 68　"天生"的父母往后站，茫无头绪的父母走向前　129
- 定律 69　除了培养孩子，也要滋养你们的婚姻　131
- 定律 70　永远都要商量"谁做什么"这个问题　134
- 定律 71　如何解决"育儿花销"的难题　136
- 定律 72　站着说话不腰疼　138

定律 73	你不必独自面对一切	140
定律 74	不要让你的伴侣做那个"坏人"	142
定律 75	积极处理婆媳关系	144
定律 76	不要纠结于要把事情做对	146
定律 77	牢记这 10 个生存指南	148

第八章 清楚自己的底线有助于保护好婚姻　151

定律 78	从小事情开始表明自己的立场	154
定律 79	用行动证明你这次是认真的	156
定律 80	学会无能	158
定律 81	过刚易折,且柔且韧	160
定律 82	准备好接受考验	160
定律 83	三思而后行	163
定律 84	刚柔并济	164
定律 85	什么时候可以谈离婚,而什么时候不能谈	167
定律 86	当你下最后通牒时,要让对方听到你究竟在说什么	168
定律 87	没有对方你也活得了	171
定律 88	如果伴侣决定离开你,请这样做	173

第九章 再婚家庭里的婚姻与亲子关系　177

定律 89	忘掉"混合"一词	180
定律 90	亲密无须强求	182
定律 91	继母:不要给自己的身份定性	183

定律 92　勇于挑战传统的性别角色　　　　　　　　184
定律 93　继父：学着做一个幕后教练　　　　　　　186
定律 94　不要问"你更爱谁"这种傻问题　　　　　189
定律 95　改变自己在再婚家庭里的立场　　　　　　190
定律 96　让孩子与双方的家庭保持联系　　　　　　192

第十章　与原生家庭和谐相处是拥有幸福婚姻的捷径　195

定律 97　在原生家庭里做一名好"公民"　　　　　198
定律 98　学会宏观看待自己的家庭：绘制家谱　　　200
定律 99　学会做一个会问问题的人　　　　　　　　202
定律 100　学会表达自己的想法　　　　　　　　　204
定律 101　不要让探亲成为婚姻的威胁　　　　　　206
定律 102　在家人面前全力支持自己的伴侣　　　　208
定律 103　与原生家庭断绝来往不可取　　　　　　211
定律 104　在感到苦恼时表达自己的心声　　　　　212
定律 105　父母要清楚自己的职责所在　　　　　　214
定律 106　写一封不发送的邮件　　　　　　　　　217

后记　我给你的承诺　　　　　　　　　　　　　　　219
致谢　　　　　　　　　　　　　　　　　　　　　　221

第一章
实现理解与包容需要掌握什么

实现理解和包容？可不是每个人都能积极看待这个建议，正如我的一位来访者抱怨的："凭什么让我去理解她、惯着她？饶了我吧！我都当了大半辈子的好人了，再也不想继续做冤大头了！"

抱怨者对自己的固有做法始终秉持着一种"理所当然"的态度，或者说对问题总是采取自己习以为常的应对方式，也因此，婚姻在他们的无心经营下开始变得紧张起来。

其实有些时候，我们需要刻意将评判与消极的念头压下去，学着宽容大度些。这或许对满腹委屈并想伺机一吐为快的你来说简直是难如登天。但实际上，没有什么是不可能的，万事开头难，一旦你开始行动起来，一切也就会变得简单。

你一定想问：为什么在对方言行不当的时候要你宽容大度？让你这样做的目的绝不是用表面的太平掩盖真正的问题。准确地说，只有在谅解、尊重与宽容对方的前提下，双方才可能放下戒备，说出彼此心里真正的想法，最终有效地解决问题。正如我的好友瑞秋所说的那样：你的伴侣犯浑的时候，正是你学习成为最好的自我的良机。

定律1 差异只是差异，无关是非对错

在婚姻中，我们需要发自内心地去尊重彼此之间的差异。我的好友詹妮弗·波曼画过一本我最爱的漫画书，其中有一张是小猫和小狗一起躺在床上的漫画。

画中的小狗看起来闷闷不乐，在读一本叫《需要很多爱的狗》(*Dogs Who Love Too Much*) 的书。

躺在小狗旁边的小猫则有些抓狂地抱怨："我没有疏远你！我是一只猫，不是你的同类，给不了你想要的爱。你究竟明不明白？！"

我之所以喜爱这本漫画，是因为它让我想到：在婚姻中，只要有一方能做到敞开心扉接纳差异，双方就能建立最融洽的关系。当然，包括我在内，每个人都会在私下里认为："我说的才是对的。如果其他人的想法能和我的一样，这个世界将会更加美好。"实际上，能认识到差异只是差异，而无关是非对错，是一种成熟的表现。

我们每个人都在透过滤镜看待现实，这个世界也因我们的身份地位、文化背景、性别、家庭排行、基因构成以及家族史各异而呈现出了千差万别的模样。世上有多少发表观点的人，就有多少种对"真相"的看法。要知道，就连对焦虑情绪的处理方式，每个人也会因习惯各异而有所不同，比如面对压力，甲渴求得到他人的支持，而乙可能倾向于独自纾缓。

若要婚姻幸福，尽量不要去做以下事情：

1. 太计较彼此的差异。
2. 妄自尊大。
3. 认为只有委曲求全才能幸福。

"尊重差异"并不是指我们要去接受伴侣的诋毁或不公平对待，而是说在面对彼此间的差异时，我们没必要非得争个你对我错、你赢我输。我们要学习的是，当伴侣的想法和感受与我们的不一样时，我们应在情感上给予伴侣支持，而不是急切地想要去说服伴侣、改变伴侣。

定律 2　每个人都有自己表达亲密的独特方式

如果你是一个喜欢表达的人，你可能会发现，自己很难与一个更注重私人空间、喜欢把事放在心里的人安然相处。这种差异当然是引发冲突的关键所在。但在你们刚相处时，你也许还很欣赏对方的冷静与独立。遗憾的是，最初吸引我们的原因，与相处一段时间后引发冲突的原因往往是同一个。

虽然交流心声是增进感情的一种方式，但它也不是唯一的方式。我的朋友卡罗尔·塔夫里斯曾有过这么一次印象深刻的经历：

> 几年前，我丈夫不得不接受一次重要体检，这让他感到非常不安。就在他准备去医院的前一天晚上，我们俩和他从英格兰来访的一位老友一起吃了顿晚餐。席间我观察着丈夫和他的老友，深深地为他们之间的互动方式惊讶。男性的坚忍加上英国人特有的谨慎，让他们在晚餐时光营

造出了完全不同于女性之间交往的氛围。他们大笑着讲述彼此的生活境遇，谈论电影，回忆往事。谁也没有提起任何关于体检的事情，没有对各自的忧虑长吁短叹，也没有表达对彼此的深厚情感，因为他们不需要这样做。

学着理解这一点：你和伴侣也许只是在经营情感、寻获安慰的方式上有所不同，除此之外，别无其他。在婚姻关系中建立情感连接的方式有很多，表达爱的方式也很多。如果你能明白这一点，你和伴侣的相处会更加如鱼得水。注重隐私也许并不是你的伴侣在隐藏自己，而只是其偏好的一种生存方式。试着接纳伴侣的生存方式，无须耗费心思去改变它。

定律3 寻找最合适的时机

说出自己内心的想法是让婚姻幸福的关键。每个人都渴望自己的婚姻能让自己感到放松又亲密。我们可以在另一个人面前毫无顾虑地畅所欲言——想一想这个场景就觉得美好。谁会愿意在婚姻中遮遮掩掩，时刻压抑着自我呢？

但是凡事都说出来，足够"诚实"，并不一定是一件好事情。有时候正是因为追求真实、说实话，我们已经不再是单纯地沟通，而是贬低和羞辱对方，这反倒让双方更加难以理解彼此，甚至不愿共处一室。因为我们在那一刻可能会表达得太过绝对，或者过于关注事情消极的一面。

沟通需要抓住时机，要带着觉察去表达，要知道最好于何时、以何种方式对伴侣说什么。当你在气头上或情绪紧张时，当伴侣心情不佳或者无心交流时，保持缄默是明智的做法。

永远记住，注重时机与明智行事在婚姻里并不是诚实的对立面。在情绪被激发出来的时候，等待时机、保持明智，恰恰是诚实的更佳体现方式。

定律4　牢记5∶1沟通原则（积极的和消极的语句数量比为5∶1）

当两个人处在热恋阶段或者我所说的"魔术贴阶段"时，双方都会不自觉地关注对方积极美好的一面。此时我们深谙取悦的技巧，令对方沉醉在被爱与被珍视的无限甜蜜之中。我们可能会发现彼此之间存在那么多有趣或让人惊奇的不同之处，却完全忽视掉了对方的负面表现。

但是，相处的时间越久，之前被"忽视"的东西都会一点点浮出水面。渐渐地，我们又会无意识地去关注对方身上那些让自己感到不满的地方："煮意大利面时在锅里放那么多水做什么？""你不知道那不是切西红柿的刀吗？"我们仿佛一下子失去了发现对方优点的能力，再也无法说出"我很喜欢你今晚给你弟弟打电话时幽默的样子"这样的话。

试着去关注对方身上积极的特质，即使你一时愤懑不已。争取把每天积极的和消极的语句数量比控制在5∶1（此为婚姻专家约翰·高特曼提出的预防离婚的万能公式）。如果你对伴侣的愤怒已接近无法忍受的地步，那不妨严格遵循5∶1沟通原则试行一周，看看7天后会发生什么变化。哪怕刚开始只能从2∶1做起，至少你已经开始改变了。

你或许认为自己无法在伴侣身上发现太多值得赞美的地方，但事实是你的眼睛缺少发现伴侣身上的闪光点的能力。每个人身上都有一些长处和优点，每个人本身也都远比那些自己所做过的最差劲的事情要更为美好和复杂。每段婚姻都具备一些闪光点，只是很多婚姻中的当事人可能都已忘记如何发现与表达它们。

除了用语言积极地表达，我们还可以用非语言的形式表达对对方的兴趣、包容与关爱。例如轻轻拍一拍对方的背、朝对方点点头、给对方一个微笑等简单的动作，都可以让对方感受到你对对方的在意与关心。

> 争取把每天积极的和消极的语句数量比控制在5∶1。

定律5　你对伴侣的欣赏越具体越好

在生活中，很多人会默默地为自己的伴侣做一些充满爱意的感人小事。就拿我的丈夫斯蒂夫来说吧，他每天早上都会为我端来一杯咖啡，晚餐也常由他负责。我的电脑出现的大小故障更不必说，都是他亲自修理好的。以前，除了他情绪低落的时候，他经常告诉我他有多爱我、多欣赏我、娶到我有多幸运。那时候，几乎每天他都能遵循那个5∶1沟通原则与我相处。

但就在几年前的一天，我突然意识到我已经很久没有听到斯蒂夫对我的赞美了，之前他常为我做的许多事情他也不再做了。同时，我意识到自己也甚少去肯定或称赞他了，尽管他并没有为此抱怨我。

我们成年人都懂得，无论是哪个年龄段的小孩子，都希望别人对他们表现出来的优秀品质与行为给予一定的赞美。但简单的一句"你是最棒的"或"我很爱你"是不够的，孩子也需要听到更为具体的赞扬，比如"你和小伙伴分享了你的玩具，做得可真棒！"或者"当你因为好朋友没有邀请你参加她的生日聚会而难过时，你很诚实地把你的感受告诉了她，我认为你非常勇敢！"其实你的伴侣也希望听到更为具体的赞扬。

起初我的确认为自己厚着脸皮央求斯蒂夫赞美我的做法很傻，而且我们常听到的一种说法是："若你足够坚定地自信，你根本不需要外界给予你肯定和赞美。"忘记这种鬼话吧，有谁不愿意听到肯定和赞美呢?

在要求斯蒂夫改变之前,我决定先以身作则。我连续几个月每天都留意斯蒂夫做的事情,并及时给予了他肯定与赞美。"在昨天的晚会上,你简直就是大家的开心果!"在一起生活了几十年后,对于他的这些付出我可能早就习以为常,甚至认为理所当然。然而我发现,我越发自内心地发现和肯定斯蒂夫的优点,我就越欣赏他!之后当我主动要求被赞美时,斯蒂夫也乐意为我做这些。虽然是我先主动肯定和赞美他,但我从他那里得到的肯定和赞美更多。

> 不要笼统和抽象地赞美,要告诉伴侣你欣赏其所做的某一件具体事情。

定律 6　你的心知道该做什么

生活中随处可见一些讲述伴侣相处技巧的书籍与杂志,其文字大多是对我们如何才能使伴侣感到被爱、被重视以及与众不同的说教。

请把它们全都抛到脑后。

无论你与伴侣间的关系现在有多疏远,无论你觉得自己对处理婚姻中出现的问题有多一窍不通,你现在可以合上这本书,静下心来，认真想三件你认为可以让对方倍感温暖进而改善婚姻状况的事情。

讲个例子，曾有一位男性求助者坚称自己已经"试遍所有的方法"，但仍然完全不知道怎样才能改善他的婚姻状况，来找我实属碰碰运气。但我只稍加提醒，他很快便想到了一些可以令妻子感到被爱的具体事情：

1. 在她晚上下班回到家时，我会为她端上她最爱吃的菜。
2. 在这个月底前，我会把我堆放在地下室的杂物主动整理好。
3. 我会告诉她，我想在这个星期日上午专门找个时间，和她讨论她对女儿学习的担忧；在讨论过程中，我可以做到投入地倾听，与她共同探讨解决办法。

记住，世界上没有哪个专家知道你做什么才能最打动你自己的伴侣的心，因为只有你最了解你的伴侣。你只需主动做出改变，并且坚持下去，也许就会有你想要的收获。

> 世界上没有哪个专家知道你做什么才能最打动你自己的伴侣的心。

定律 7　选择快乐，不争对错

有两个小孩拿着小桶和铲子在沙池里一起玩耍。突然，这两个小孩不知因为什么事吵起来了，其中一个小孩边跑边叫："我讨厌你，我再也不理你了！"但是很快，两个小孩又高高兴兴地一起玩耍起来。

两个坐在附近的成年人观察着他们的举动。"你看到了吗？"其中一个人问道，"孩子们是怎么做到的？他们在几分钟前还争吵不休呢！"

"很简单，"另一个人回答，"他们只是选择了快乐，没有争对错。"

如果我们努力向这两个小孩学习，就能为自己免除很多痛苦。婚姻中的两个人之所以相处困难，就是因为两个人都认为自己是正确的，而且谁都不愿意认输，直到有一方认错，关系才会缓和。殊不知，在这场拉锯战中，我们牺牲掉了当下的幸福与快乐。

每次我和丈夫争吵过后，我丈夫斯蒂夫都会敲开我的书房门，从背后抱住我并对我说："我爱你，这样做太傻了。让我们忘了刚才的事吧。"这个时候，我的内心就会平静下来。在很多年前，他自创了一个看起来很傻的仪式：做可爱状拍手，同时喊"1——2——3——没事了"。虽然很傻，但这的确能把我逗笑，我的愤怒也会随之烟消云散。当我们遇到分歧又争不出个高下时，斯蒂夫做出了轻松顽皮的举动，这倒不失为一种缓解冲突的好方法。

当然，有时让我们产生冲突的是一些较为重要的事情。这时，双方须冷静下来后重新讨论，绝不能图一时太平而放任不管。因为我们需要通过真诚沟通去治愈被背叛、失衡甚至破裂的情感。但是，两个人在相处过程中所遇到的85%的问题，都可以用沙池中那两个小孩的方式去解决。就让他们俩成为我们生活中的榜样吧！

定律8 "假装"伴侣已是他应有的样子

也许你会认为，目前读到的几条定律你一条都用不上，更别提坚持练习下去了！你对伴侣有着太多压抑着的愤怒，所以对任何劝你"看开点"的建议你都嗤之以鼻，尤其是你觉得这些建议都不切实际时。

当然，没有人愿意在压抑自我的婚姻里假装一切太平，那些一味宣扬"要乐观生活"、"关注事物积极面"的主张不仅会让我们把真正的伤痛隐藏起来，还会让我们失去了解复杂情感的机会，最终只会导致我们生活在一个巨大的谎言之中。

但问题是，我们通常对一些负面信念有着根深蒂固的认同，因此，我们都需要从自己和伴侣的那些早已习惯了的、徒劳的互动模式中解脱出来。在婚姻里，尝试"假装"的办法绝对有着事半功倍的功效,如果你不是出于恐惧或者想借机逃避真正的问题,那么"假装"有着极好的效果。

如果此时你内心满是对伴侣及未来生活的负面感受,不妨考虑做一次为期10天的创造性"假装"试验:"假装"你的伴侣已经成了你理想中的样子;"假装"欣赏与尊重伴侣;"假装"你对伴侣有着充分的称赞与肯定,甚至可以"假装"高兴。这个试验也许会令你发现一些对自己、伴侣以及婚姻来说全新又积极的内容。

歌德曾说:"如果你依照一个人的实际情况去对待他,他会变坏;但是你如以他应有的样子对待他,他就会变成他应有的样子。"我并不认同我们可以将自己的伴侣改造成其"应有"的样子,也许说成"我们想让他成为的样子"更为直接,因为我知道,是我心目中的伴侣的样子决定了伴侣真实的样子。

> 我不能改造他,但我心目中的伴侣的样子决定了伴侣真实的样子。

定律9 答应了伴侣的就一定要做到

千里之堤,溃于蚁穴。

如果你答应了伴侣要去做某件事情,无论那件事情有多微不足道,都一定要去做。如果你告诉伴侣,你会在周日前把冰箱清理一遍，那就应该在周日前把事情做好。如果已经到了周日，你恰好因为忙得不可开交而没有清理，记得主动向伴侣说明原因："很抱歉，我今天可能要食言了，但明天我一定会去清理。"

很多男士对我讲，他们实在无法理解，为什么他们的妻子对自己"忘记"把牙膏盖拧回去这样的小事如此耿耿于怀。"我都不知道为她做过多少事情，"一位来访的男士告诉我，"实际上，家里有一半以上的活儿都是我干的，为什么她还总是小题大做？"

问题是：那并不是小题大做。

当伴侣向你提出了明确的请求时，请求背后隐含的是你是否重视你伴侣的问题，而并不是请求本身。如果你认为伴侣的请求是无理的，那么你们需要重新协商"谁负责做什么"这个问题，比如，"我知道我答应了你在每周三晚上倒垃圾，但那是我工作最忙的一天，我希望能换个时间做这件事情。"

永远不要自以为是地认为，你在婚姻里的所有付出或者做过的所有家务，可以把自己答应了伴侣要做却没做的事情抵消掉。记得要主动为你的疏忽道歉，并在下次做得更好。不要让你的注意力缺失症或者其他身心障碍成为自己不履行承诺的借口。

如果你答应了会把牙膏盖拧回去，实际上却没有这样做，那么问题就不再是拧牙膏盖这件小事了，它反映的是你的诚信以及对他人的尊重方面出现了问题。当然，在生活中，我们每个人都有可能有所疏忽，而问题往往就出现在你经常不做的事情上，而不是你一直在做的事情上。

> 如果你答应了伴侣要去做某件事情，无论那件事情有多微不足道，都一定要去做。

定律 10　改变先从自己开始

如果你认为自己在婚姻中是付出较多的一方，你自然会希望伴侣同样为自己付出。若伴侣做不到这一点，你很容易就此抱怨："他都不说欣赏我的话，那我为什么要说欣赏他的话？"

你一定想说："为什么就得我先改变自己？"由一个人独自维系婚姻里的情感当然有失公平，哪怕是完成一半多一点也是不合理的。

我来告诉你原因：

1. 你永远只能改变你自己。
2. 当你的行为与你经营婚姻的核心价值观一致时，譬如，你想慢慢学会用积极的表达代替你下意识的评判性回应，那么，无论你的婚姻状况是否得到了改善，你都会拥有更加坚定自身立场的能力。如果你只是在很被动地应付伴侣，那么你的立场也会是不坚定的。

3. 若你不在你们僵化的互动模式里改变自己，那么任何改变都将不会发生。改变是从木桶的最短板处开始出现的；也就是说，我们的婚姻中开始发生变化的往往是承受痛苦最多的一方，所以需要在婚姻里最没有地位、失去自我或妥协最多、永远感到不满的那一方主动做出改变。若你不为自己的生活采取一些不同于以往的行动，那么没有人能帮你。

你需要记住：如果你不想让婚姻失败，那么只能先改变自己。

> 你永远只能改变你自己。

第二章

评判是亲密关系的敌人

伴侣们因为各持己见而陷入僵局是再正常不过的，这种情况下，两个人都把对方视为问题所在，并坚信唯一的"和解方法"就是对方做出让步。男人认为女人应该停止评判[①]他，并感激他为家庭所做的一切；女人则认为男人应该多主动关注孩子和家庭所需。当然，这个认知模式通常也会因男女反应不同而有所不同，如婚姻中有着选择逃离的丈夫与唠叨不已的妻子。但不管怎么样，这根本不是一劳永逸的根治之法。

男女双方的心理都很容易理解，因为没有人喜欢被别人批评或指责，也没有人愿意做那个自己的合理请求总是被伴侣视而不见的"多事的家伙"。当我们深感愤怒时，我们很难在眼前的局势里让自己做出正确的回应，因为双方似乎都坚信对方才是那个应该改变的人。

如果你拥有一位情绪稳定、头脑冷静且自我感觉良好的伴侣，那么你应该感到幸运，因为在大部分时间里，这样的伴侣都能做到不受来自你的评判与负面情绪的影响，还可以在不逃避或封闭自我的情况下，去考虑你给的好建议。然而，一旦伴侣们度过了蜜月期或者我所说的"魔力贴"阶段，能拥有如此强的自制力就很难了。很多人会在伴侣的批评或指指点点下变得不堪重负，即便一开始他们的确理解对方的用意。

评判的习惯对任何关系的良好维系都具有毁灭性。如果你从这本书里只能学到一样东西，希望你学到的是：没有人能幸存

[①] 注：关于评判带来的危害，马歇尔·卢森堡的畅销书《非暴力沟通》（华夏出版社已出版）有全面的讲述，感兴趣的读者可深入了解。

于评判多于肯定的婚姻；即便有，那也必然是痛苦万分。

定律11　熟练使用"我"语言

并不是所有表达方式都能达到同等的沟通效果。婚姻关系中的一大挑战是，在不对伴侣进行评判或人身攻击的前提下，学会使用发自内心的语言去表达自己的想法与感受，例如"我对你今晚的机智表现极为叹服"，或者你们在谈论一些日常话题时，真诚表达内心的真实想法，如"我知道你喜欢香草口味的，但我更喜欢巧克力口味的"。在这些情况下，做到和谐沟通可能毫不费力。但如果你面对的是一位防御心很强的伴侣，或者讨论的是一个意见不容易达成一致的话题，对表达功底的考验才算正式登场。

使用"我"语言的表达方式，可以避免将一场不愉快的交谈发展成不留情面的争吵。"我"语言是以"我认为"、"我感到"、"我害怕"、"我想"等作为开头表达的语言。多做此类练习，同时请记住，"我"语言的表达要满足以下4个条件：

- 心态平和，语气和缓。
- 不评判，不指责。
- 言语中没有伴侣要为你的感受或反应负责的意思。
- 只说自己的想法或感受，不要把问题推给伴侣。

此外，每一个"你"的观点都可以转换成一个"我"的观点，比如说将"你管得还真多"转换为"我想自己决定这件事"。但是你需要记住，改变句子的语法结构只是我们迈出去的第一步，还要练习让自己的声音变得柔和起来，因为带有强烈情绪意味的语气会瞬间让你精心构思的"我"语言"变味"，可能会被对方误认为是指责。所以，在你还无法平静地表达出"我"的立场时，就让它在你心里多酝酿一会儿，先在语气上下功夫！

定律12　避免掉进伪"我"语言的陷阱

我们也许会认为，在表达自己的想法时，开头加上"我想"或者"我感觉"，这就是"我"语言了。实际上，这类句式并不能达到沟通的真正目的，因为真正的"我"语言必须要满足定律11里的4个条件。

伪"我"语言有时是很容易辨别出来的，因为它们通常带着评判他人的意味（"我认为你是个自恋狂"），但在多数情况下，真"我"语言与伪"我"语言的差别甚微，因此需要小心辨别。以下两个事例可做说明。

真"我"语言

艾莉丝是我的一位同事，她讲述了一次自己是如何把即将升级为争执的伪"我"语言有效转换成真"我"语言的经历。

前不久我与老公肯去参加了一场聚会。驱车返家的途中，车外下着瓢泼大雨，孩子在后座上呼呼大睡。当时我感觉肯把油门踩到了底，就像是要和窗外的雨滴比赛一样。

"你超速了！"我有点生气地说道。

"车速在限速范围内。"他却安然回答。

"这种天气你能不能别开得这么鲁莽，孩子还在后座上睡觉呢！"我开始有点不依不饶。

这句话惹恼了肯："你是在指责我不顾孩子的安全吗？我开车可从来没出过问题，而且现在车速也在限速范围内！"

我突然意识到自己的说话方式有问题，于是马上改变了自己的语气："其实我想表达的是，刚吃完东西就坐车，让我感到肠胃有点不舒服；而且在这么大的雨里开车，我有点担心我们的安全。你可以开慢些吗？这无关对错。我刚才有点反应过激了。"

"当然。"肯边说边把车速减了下来，而没有作进一步的争辩。

在把指责转换成"我"语言后，艾莉丝给了丈夫把车速慢下来的台阶，而不是逼着丈夫承认他自己是一个鲁莽的父亲与司机。当然，这首先需要艾莉丝承认他并不鲁莽。

伪"我"语言

下面这个由一位朋友讲述的关于他妻子吉尔的故事，很好地说明了实为"你"的观点,是如何打着"我"语言的幌子惹是生非的。

我的家庭办公室近来有些混乱,而同样在这片区域工作的妻子吉尔,是一个比我更有条理的人。一天,在扫了一眼我到处都是散乱的图纸的办公桌和地板后,她就开始对着我说道:"我一踏进这个房间,就感觉整个家都脏、乱、差!"

整个家都脏、乱、差?!我在与她生活的14年间,一贯维持着勤劳、忠诚的形象,现在仅仅因为我那半边办公区域的混乱,她就觉得自己像是生活在垃圾堆里?而当我说她"讲得太极端了"的时候,她却轻描淡写地回答:"算了,这就是我此刻的感受而已。"

面对此情此景,我真是百口莫辩!

在婚姻里的互动过程中,当一方感觉像是有刀架在自己脖子上时,他除了要为自己的行为负责,连带着还要为伴侣的不开心负责,所以在接下来的沟通中,他就不太可能去思索自己的行为有何不妥,更不用提道歉了。"我"的观点可以用于阐明自身对事件的看法,而不是打着为对方好的幌子,让对方接收到的全是评判与指责。[1]

---

[1] 关于如何避免评判与指责,真实阐述"我"语言,《非暴力沟通》(华夏出版社出版)一书中有详尽的指导方法。

定律13　会提建设性的建议

当我们因自己的话没有被对方听进去而怒意陡升时，往往会不自觉地开始恶语相向。我们会无视事实："你说你已经清理过厨房了，但我偏要让你再清理一遍"；或是将人一棒子打死："你说你要做什么事情，鬼才相信你能有毅力坚持到底"；也可能是往他人身上贴标签："我真没见过像你这么笨的人"，顺便加上一句评判："你就是个自恋狂"。若这还不够，那就再拉上一两个帮手做有力补充："我朋友认为你有被动攻击型人格，连我妹妹都感觉到了。"当被这种情绪或情感驱使时，我们就会顺势用某种特定思维去解读他人的行为："你以为我是你妈啊，我可不会像她一样伺候你。"末了我们还会再往他头上扣一顶"急需治疗"的帽子。此外，在说这些话时，我们的语调里往往满是傲慢、嘲弄、说教与责备。

然而，令人匪夷所思的是，我们的伴侣似乎对这些"逆耳忠言"并不领情。

相对于对问题的避重就轻，建设性的批评则直指要害，告诉伴侣，你想让伴侣在哪些方面做出改变，并以尊重伴侣的改变能力为前提。它将重点放在行为本身上，而不是急于对人进行评判。

什么才是建设性的批评呢？你可以心平气和地告诉他不要把东西乱摆乱放，此时不要把焦点放在他是一个大懒汉上（尽管也许事实确实如此），而应强调的是你很注重整洁："一见到你把公文包和外套随意扔到沙发上,我就很不舒服,因为这让房间看起来太乱了。"同时,适时地为自己之前因沟通受挫而口不择言的行为道歉。

最后,在彼此都放松的时候,你可以主动和伴侣沟通协调:"我们可以找一个固定的位置放公文包和外套吗?"同时,还要有心理准备,因为你预想的方案与实际讨论结果之间很可能会有所不同,需要你有所让步。如果你能对沟通过程加以引导,你就会亲眼看到事情在一步步变好,而对于伴侣做出的努力与改变,你需要及时给予肯定与鼓励,毕竟这才是维护婚姻健康与稳定的不败秘诀。

在研究了成千上万对夫妻的互动模式后,婚姻专家约翰·戈德特曼得出结论:批评(非建设性的批评)实乃"天启四骑士"之一[①],它会动摇婚姻的根基,最终彻底摧毁婚姻。

> 建设性的批评将重点放在行为本身上,而不是急于对人进行评判。

定律 14　即使抱怨也要讲求技巧

当你想要就某事发牢骚时,一定要实事求是地说出来。任

[①] 在《圣经·启示录》中,"天启四骑士"分别代表了战争、瘟疫、饥荒与死亡,在这里意指批评给亲密关系带来的灾难。

何被扣上莫须有罪名的人都只会被那些夸大和不实的言语牵着鼻子走,而无心领会你的真实用意。

不要夸大其词,避免使用"总是"、"从来没有"这些绝对化的用词。如果你的伴侣上个月加班一共晚归了6次,那就不要说成7次。受到批评的一方一旦捕捉到不实的信息,或者认为自己在背负不属于自己的责任,就会立刻失去交流的欲望。每一次我和丈夫争吵,我都会拒绝道歉,就是因为我可能明明只做错了一小半,他却非让我负主要责任。

定律15 三句话练习

要知道,过多地谈论一件事只会造成对方的听觉疲劳。当伴侣对我们所说的内容提不起兴致时,其接收到的有用信息往往是很少的。在你围绕着一件事费尽口舌时,对方可能变得自闭与麻木,没有机会仔细思考你说的内容,也分辨不出你在整个交谈过程中要表达的重点。

你需要记住,如果觉得自己说的话,伴侣没有听进去,那也不要过多地重复,也不要提高音量,因为这样做毫无意义,通常还会伤害彼此的感情。记住,喋喋不休是导致沟通不畅的罪魁祸首之一。

练习用三句话来表述一件复杂的事情,在一场对话里试着只表达一个观点。把语速慢下来,把声调降下来,就这样坚持

10天。我承认，刚开始照做时简直要了我的命，尤其是用三句话来表述的这个限制，因为当我丈夫对我所说的"真相"无法心领神会时，我已经习惯了使用不达目的誓不罢休的表达方式。不要太在意最后的结果，别把焦点放在最终"他还是不听我的"上，而是要把重点放在练习改变自己的表达方式上。

用三句话说明白你要表达的重点，会给伴侣很大的领会空间。但很显然，并不是所有谈话都适合以短小精悍为主，有些话题是需要较长时间的交流的。但若你每天都练习简明扼要的表达方式，相信你会越来越有能力引出高质量的互动。

> 用三句话说明白你要表达的重点，会给伴侣很大的领会空间。

定律16　沟通切勿趁热打铁

虽然有时发脾气的确能镇住对方，尤其是你日常并不是爱发火的时候。但当你处于愤怒、情绪紧张的状态中时，你其实是不适合沟通的。

要懂得暂时不说自己想要脱口而出的批评，等彼此都冷静下来、在你们彼此接纳度较高的时候再畅所欲言。但可千万不要在某个特殊时刻提这个问题，比如说他生日那天，或者你和他心情愉悦地去餐厅享受一个月来第一次属于你们的二人世界的时候！不必刻意，随意挑选一个双方心情都比较放松、他的注意力也在你身上的时刻。

然而，我们并不是总能把牢骚留到心情好的时候再释放出来。就像你的伴侣比平时晚了一个小时到家，只是因为他逗留在一家电子产品商店给他的 iPod 贴膜。这个时候你可以非常明确地告诉他：热饭已经变凉，孩子们快把你闹崩溃了；你需要他下班直接回家，回不来也要提前打电话和你说一声。

哪怕是在盛怒之下，也要记得遵守自己的三句话规则，说完即了。一味地发泄愤怒、批评并不能改变你们的相处模式，比如他让你恼怒不已的习惯性迟到。不妨找一个你看他比较顺眼的时间，问他能否抽 20 分钟和你协商问题的解决办法。约定一个简短的协商时间，要远比一句可怕的"我们必须要谈谈"好使得多，因为后者通常会让对方焦虑不已。

聪明的"暂停"处理可以化解很多婚姻危机！

定律 17　不偏离话题：一次只说一个问题

当你开始发牢骚时，一定要记得一次只说一个问题，比如："我们还没讨论尺寸和颜色，你就把电视机抱回家了，早就说好了购买大件商品必须得两个人一起定夺。"记住，此时不要翻旧账（如"去年也是，你连我们买不买得起那辆车都不考虑，车就被你开回来了。直到现在我还为这件事窝着一肚子的火！"），更不要提不相干的事情（如"你早就说你要为自己的过度消费努力工作，结果现在你又掏出两张待付账单！"）。

不要偏离话题，也不要被你伴侣的回答带偏了主题。如果他反问你为什么只许州官放火不许百姓点灯："你都把500美元借给了你弟弟，还好意思在这里说我买电视机的事？"不要被他牵着鼻子走，你可以告诉他，你很乐意稍后回答他的疑问，但现在你想先解决购买大件商品的决策问题。如果对话有演变成争吵的倾向，那就换个时间再谈。

不管是在爱情中还是在工作中，若想妥善地化解此类冲突，我们都得有清晰的动机、觉察力以及做到一次谈话中只就一个问题进行协商的控制力。

定律18　出其不意地赞美

停止习惯性批评，在伴侣自认为会听到你一贯的"指责"时，你却出其不意地表达出对伴侣的赞美。

艾伦不大喜欢去公婆家，因为她丈夫鲍勃每次都会和他父亲就同一个政治问题闹得不欢而散。丈夫与他父亲的口舌之争为他们的探望之旅徒增了紧张与不悦。艾伦私下里曾无数次倾囊相授，告诉丈夫当他父亲有发作的苗头时，如何去缓和气氛。

可鲍勃依然对艾伦的建议左耳进右耳出，也可能是他不知道当争吵实际发生时，该如何运用这些建议，反正每次都和父亲争得面红耳赤。而在每次开车回家的路上,艾伦依然一路指导连带批评。虽然她看到鲍勃与他父亲的互动没变出什么新花样,但是她也没看到自己其实在步其后尘。

在我的建议下,艾伦决定用赞美代替评判,给鲍勃一次惊喜。在又一次闹得不愉快后,两个人在回家的路上谁也没说话。然后,艾伦若有所思地说:"你知道吗?鲍勃,我真的很佩服你,每次无论气氛闹得有多僵,你都能定期回家看望他们。"

"你怎么突然变得这么好心了?"鲍勃反驳了她一句。艾伦并没有在意他的阴阳怪气,反而继续动情地说:"我意识到我也应该好好想想怎么才能和我父母更亲近一些,而不是在你跟前扮专家。你让我明白什么是尽孝。等我们有孩子了,我一定会把你的这种品质教给他们——就算是家里人不好相处,也要常去看望他们。"

你可以今天就试试这个方法。你的伴侣本来以为你会奚落他,结果却听到了你转换出发点后说出的赞美。当听到的不是预想中的批评时,对方会卸下所有防御,进而去思索你给出的建议的可取之处。真诚的称赞在无形中会让双方用全新的方式探讨问题。

定律19 一天只能批评一次

一天只能批评对方一次?这一定是在开玩笑!因为一看到斯蒂夫今天去杂货店买回来的东西,我就有7个要批评他的点。而且我深信不疑的是，我的批评绝对可以增长他的购物见识。

斯蒂夫是一个很随和的人，但当他偶尔不那么好说话的时候，"一天只能批评一次"这个定律就绝对能派上大用场，特别是在我们双方感到有压力时。也许这是我们在大部分时间里的状态，只是我们并未察觉而已。如果我们习惯了用批评或说教的方式和伴侣沟通，那这个定律的重要性便更加明显。在我们做这个练习的过程中，我们就有机会弄清楚，究竟什么对我们的婚姻才是重要的，其他的都放下吧。

"把无关紧要的都放下吧"，这是几年前我和斯蒂夫去墨西哥度假时学到的最好的一课。在旅途中，我们说好谁都不许讲自己的母语——英语，包括我俩之间的对话，以及与其他任何人的沟通。因为我只会说极少量的西班牙语，所以不得不接受"沉默是金"，哪怕有时忍不住想批评斯蒂夫一句，我都得翻半天词典，更不用说讲究语法了。于是像"如果你提前让我知道你会迟到那么久，那么我可能直接就到教堂去等你了"这句简单平常的怨言，我都说不利落。

其实，我并不是说你和伴侣要放弃使用你们的母语一段时间，只是希望你们能找机会亲自体会有多少批评根本不值一提，更别说你所谓的"好建议"了。记住我的这句话：一天只能批评一次。弄明白什么在你们的婚姻里是最重要的。这是一个很好的锻炼。就从今天开始做起吧，坚持下来的效果可能会让你分外吃惊。

定律 20　少说建议：放手给伴侣试错的机会

真的是在给建议，还是自我意识在作祟？

一般而言，在我们的认知里，我们可能并不觉得给建议是在批评他人，因为我们觉得自己不过是为了帮对方把事情做对。我们总认为自己的想法肯定或者极有可能比对方的更为正确合理，不管是叠毛巾这样的小事，还是平衡明年预算的大事。

那么，给建议到底有何不妥呢，特别是在我们的建议并没有错的时候？如果是对方在征求你的建议，如果在婚姻中建议的提出与采纳持平，那倒也没有什么不妥。此外，生活中也有很多伴侣，即便给了彼此未经请求的建议也没造成婚姻关系紧张，他们还十分珍惜这些可以向对方学习的机会。

但是，如果建议的提出打破了婚姻关系的平衡，或者两个人中有一方只擅长给建议，却不喜欢接纳对方的建议，那么此时的建议就不再是良策了，反而会制造冲突。因为当我们给予对方太多建议或者我们的建议带上"我的做法更高明"的腔调时，建议就会悄然变成批评。所以，当你看到对方并未采纳自己的建议时，也许你该回到自己的位置上去，尊重对方，让对方去决定自己的事情。

如果你在家中排行老大，下面还有与你同性别的弟弟或妹妹，那你可能更倾向于让伴侣按照你的方式去做事情。如果对方愿意遵从你的指导，那就没什么问题；如若对方不愿意，那他也有权利表达自己的立场,并把你推回到自己的位置上。

但问题是,伴侣有可能无法清晰且坚定地表达自身的立场,甚至没有意识到,若不是事事必须由你做主,你们的婚姻会变得轻松自在许多。这也是为什么在你离家的那一两个星期里,他会惊奇地发现自己变得能干了。

在婚姻中,真正重要的并不是谁说得对就按谁说的去做,而是两个人都在努力为彼此的快乐着想——放手给彼此试错的机会,在不断尝试中发展出生活的新能力,并在对方需要时提供帮助。

> 两个人都在努力为彼此的快乐着想——放手给彼此试错的机会。

定律 21　从模棱两可的回答中辨别出伴侣的真实意图

有时伴侣可能并不能明确表达希望我们不要插手某件事,其在沟通中给出的信息往往模棱两可。这种沟通方式在生活中已经司空见惯,不仅让人不明白说话者的真实意图,还可能导致我们日益忽略对方的想法。大家可以看一下下面的这两个人在我办公室里的对话。

她:"你觉得我爱指使人吗?"

他:"哦,恐怕是的,你特别爱管别人的事。我们早就说过这件事了啊。"

她:"那你认为我昨晚也是这样吗?"

他:"就像我当时在切西红柿做沙拉,你问我为什么要那样切,然后就说块儿切得太大了,最好把它们切得整齐均匀一点。这样的例子举不胜举,你有时管过头了。"

她:"管过头了?你什么意思?"

他:"你连外人的事也要管啊。你还记得那次在我弟弟家聚餐时的事吗?当时弟媳对你忍无可忍,她都说出'这是我家,事情让我说了算好吗?'那样的话了。"

她:"可是我真的只是好心帮忙啊,她土豆就是放少了呀,而且到时间了牛肉也没做熟。后来不也证明我是对的吗?"

他:"我知道,我弟媳的确不太好说话,还真是亏了你,最后大家才吃上美味的土豆炖牛肉。"

她:"还有昨晚我说你切西红柿的事,连你自己都说切均匀了就是好看。"

他:"是啊,我觉得你的厨艺可以和厨师媲美了,所以你的建议也许是好事一桩。"

如果你听到了像这样模棱两可的回答,那么请自行忽略"也许是好事一桩"这部分,然后回到你的位置上,给他按他自己的方式去切西红柿的机会（包括做其他事情），除非那天他是你付钱雇佣的厨师，合同上写明了要听从你的命令。当然，如果在一场重要的聚会上，他穿着一件不合时宜且满是油渍的衣服满屋子跑，或是炒菜时差点把房子付之一炬，这种时候，你是可以说点什么来避免坏结果发生的。但要记住，你觉得必须要纠正的大部分事情其实并不那么重要。

第三章
倾听是获得亲密关系的
最佳方式

表达方式与聆听方式决定了婚姻质量，甚至会影响我们对彼此的看法。不足为奇的是，大部分人更愿意主动提高自己的说话技巧，而不是倾听方面的能力。而每当意见相左时，我们也总是很自然地渴望自己被倾听与被理解，却甚少想着去倾听并理解伴侣。

我们可能认为，说什么、怎么说远比怎么倾听对伴侣的影响大。可事实上，学会倾听才有可能更好地理解对方并被对方理解，化解冲突。

你也许会发现，在朋友或者同事面前，自己完全可以做一个不错的倾听者，但在伴侣跟前就很难。这很正常，我们没必要为此懊恼。而婚姻的美好就在于，即便双方在大部分时间里都无法给予彼此全然的关注，两个人也依然可以保持稳固的关系。但当有重要情况出现时，我们就需要改变惯性模式，回过头来以一种全新的态度和方式面对问题。

有些人认为倾听是一个被动的过程。其实不然，倾听是一个积极的过程，只是它看起来不如说话那么直接。一个合格的倾听者并不仅仅是坐在那里，投入地发出"嗯"、"啊"、"是"等回应。真正的倾听首先需要让自己的大脑平静下来，敞开心扉；在听的过程中可以适当地提出一些问题，以更好地理解对方说的话；尽量避免打断对方，不合时宜地说一些让对方感觉你并没有认真倾听的话，或者是岔开话题。如果认为对方说的事情刺痛了你的某根神经，你此时就需要克服自己的防御心理，只有这样，对方的苦痛与观点才只是他自己的，而不至于勾起你内心的脆弱感，从而导致两个人陷入敌对的情绪中。另外，很重要的是，若你暂时无法很好地倾听，一定要告诉伴侣；要找准合适的时机告诉对方"现在不合适"或是"此时不要以这种方式交流"。

倾听是一项终极灵性行为，是一份可以赠送给伴侣的最棒的礼物，而最终受益的还是你自己。倾听是获得亲密关系的最佳途径。后面的内容会有更多这方面的建议。

定律 22　不要急着说什么，听着就好

我从很多夫妻的对话中发现一个共同的问题，那就是一方说"我感觉我有点 X"，另一方立马就会回应说："那你当时为什么不 Y 或 Z？"

在伴侣还没提出需要帮助的时候，我们就急于把对方从当前的状态里解救出来。这里面包含了我们的美好心意，但这份心意可能对问题的解决毫无助益。因为急于给建议让我们忽视了倾听对方的心声，让对方陷入被忽略、被孤立的感受中。怎么会这样呢？其中一个原因就是，我们把对方分享忧心事误认为是对方想让我们帮忙解决问题，甚至还会觉得有问题就必须当场解决，而未能意识到随后我们是有机会继续关切询问事态进展的。

所以不妨等下次你忍不住要给伴侣出主意时，告诉自己："这是第一次谈话，主场是对方的，等轮到我的谈话开始后，我再提建议。"只有你先以倾听为主，你随后给出的建议才最能发挥效益。学习成为一个会倾听又会提问的陪伴者，会极大地帮助伴侣自己发现问题并找到解决办法。

定律 23　保持一颗好奇心：你永远不可能和配偶感同身受

生活中随处可见一种被误导的同理心，那就是告诉你的伴侣，你能体会他的感受。你认为自己真的可以"完全参与"对方正在经历着的一切。也许你的出发点是好的，但你的所作所为否定了对方当下处境所呈现的复杂性，同时还会把谈话的焦点转移到自己身上："我完全理解你的心情，至今我都记得我那次做胆囊手术前差点吓破了胆的情景！"

最近我与朋友斯蒂芬妮和詹姆斯在一起吃晚饭，席间斯蒂芬妮向大家讲起了她的抑郁症体验。她的病情一直时好时坏，但从来没有像上周那么严重过，就连吃早餐、交电费这么简单的事情，她都开始变得力不从心。而天性乐观的丈夫詹姆斯则对斯蒂芬妮口中描述的恶化病情报以不咸不淡的回应："我理解你的感受，有时我也不想从床上爬起来去上班。"

詹姆斯的本意是好的，他想让妻子感受到自己理解她，让她知道这没什么"不正常"。但是，对抑郁症一无所知的詹姆斯实际上根本体会不到妻子向他分享内心痛苦所需要的勇气。

这时，桌上的另一个朋友艾丽卡对斯蒂芬妮说："我从来没有过像你说的那种情况，这听起来太可怕了。我真佩服你这么勇敢地坦然面对。有什么我可以帮忙的吗？"看出詹姆斯和艾丽卡对斯蒂芬妮的回应有何不同了吗？詹姆斯和艾丽卡都想让斯蒂芬妮感受到支持，但是从艾丽卡的话语里，我们感受到了她对斯蒂芬妮这段特别的个人经历予以了尊重，而詹姆斯却将妻子的内心挣扎与他自己偶尔的早起困难症相提并论。

至此，詹姆斯也终于意识到，他早前表达"亲密"的方式其实是在轻视妻子正遭遇的一切。同时他还意识到，自己在潜意识里一直害怕听到妻子的糟糕感受。在随后的谈话里，他开始了解到妻子病情的严重性，也知道了如果症状再持续下去就有必要看医生了。

对伴侣的经历保持十足的好奇心，而不与自己的经历加以比较，这是倾听的关键，也是容易被忽略的地方。尊重伴侣与自己的不同之处，区别对待不同情况，你们的婚姻将会更加幸福。

实际上，我们永远不可能对另一个人的经历感同身受，学着去说"我真无法想象你正在经历这样的痛苦"，"这听起来很难过"，或者"我很遗憾听到你不得不面对这样一件事情，但我想让你知道，我会永远在你身边支持你"。

定律 24　打破各持己见的沟通模式

若我们已经对讨论中的事暗自做了决定并有了自己的看法，我们就不可能再好好听对方说下去，也不会再用心理解对方说的话，而是急切地等着对方把话说完，好尽快开始说出自己的反驳意见。

坚持己见对化解矛盾毫无帮助。我们所做的决定本没有对错之分，用协作代替激烈的争辩，对我们的关系而言要比维护任何立场都更重要。

鲍勃与妻子一再因为换房的问题吵得不可开交。妻子想继续住现在的房子，鲍勃则坚持要换一个面积小些的房子。只要一提起这个问题，双方就会自动进入争吵模式。但无论争多少遍，他们始终得不出一个让彼此都满意的结果，直到鲍勃主动改变了自己的沟通模式。

他们当时在我的办公室里依旧是你一句、我一句地争得不可开交，突然鲍勃停止了争辩。为了明确妻子劳拉的真实想法，他改口问了几个问题。他有意识地转变为纯粹倾听的角色，从谁对、什么才是对的以及如何证明自己有理等问题中抽离了出来。

过去鲍勃总是无意识地将自己困在纠正事实上，比如争吵中当劳拉说错房子房贷这类事情时。但现在，他不再受细节所限，而是把目光紧盯在妻子不愿搬家的"关键点"上。当妻子用"房子对你根本不重要，因为办公室才是你家"这样的话刺激他时,以前出于本能反应,他可能会奋起反抗:"什么叫办公室是我家?如果不是我辛苦加班挣钱,哪里来的房子!"但这次他很快从这种情绪里跳了出来,在感受妻子言语后的心情后他改变了自己的表达方式。他看着妻子,真诚地说:"你为这个家付出了很多,房子也被你收拾得很漂亮、很温暖。"

只此一句,劳拉就放松了下来,终于向丈夫说出了自己不想换房子的原因。原来这一切都源于她孩童时期居无定所的经历,那时她从来不敢奢望会有一个安稳的家。在谈话快结束的时候,他们的意见也不再那么难以达成一致了。两人还达成了一个共识:劳拉会利用周六的时间同鲍勃一起寻找合适的小户型房源,了解房价的行情——这并不代表她同意换房了,而是想更好地了解市场行情;同时,两人还会一起核算家里实际的经济状况,开源节流,看能否"永远"住在现有的大房子里;而鲍勃会更加努力地工作,以守护现有的大房子对妻子的重大意义。最后,他们以搭档而非对手的状态相携离去。

我们总是想在言语上压倒对方,要做对的那一方。如果这样不能让我们达成一致的意见,那就学习暂停交流。保持对伴侣所持立场的好奇,会比争强好胜更有利于解决分歧。在此过程中,学会用亲切、关怀的言语去明确对方的想法,因为激烈的语气会使对方觉得你并不理解他,只是一味地盘问他。

> 决定本没有对错之分,用协作代替激烈的争辩要比维护任何立场都更重要。

定律 25　堵上耳朵后就只剩下了嘴巴

如果伴侣对一件事没完没了的担忧或抱怨令你心烦意乱，唯恐避之不及，那就挑战一下自己，给对方一个惊喜，就你最想逃避的那个话题进行一次开诚布公的谈话。

你或许会认为这样做将会引发无休止的唠叨，因为无论是吃完饭后自己的无所事事还是儿子的不良成绩，都足以让她唠叨不休，现在还主动去找事儿，这不是自讨苦吃吗？其实恰恰相反，如果你"邀请"她向你倒苦水，而你又能用心听进去，她就会平静下来，自然也就对事情看开了许多。

想知道"最高级别的倾听"是什么样子的吗？

就在前不久，健康问题以及容貌的变化令我陷入了对衰老的极度恐慌，我一度认为自己要比同龄人的状态更差。斯蒂夫对我一遍又一遍的唠叨不胜其烦，也开始对我说的话心不在焉起来。他曾这样对我说过："你一直在同一件事情上绕来绕去，这对你没什么好处。事已至此，我们都无力改变现状。"他有时也会宽慰我，说我应该感激生活，因为有很多人正遭受着比我更严重的苦痛；也许某天真的会有一场可怕的变故发生在我自己或者家人身上，但我现在好好的，为什么不及时行乐呢？

他说的都没错，但我本人却不认同"事情已经发生了，又不能从头再来，所以让我们翻过这一页吧"这一观点。这在婚姻里也不是解决问题的良策，至少不会是长久之策。男士们常常把"我才不会没事找不自在呢!"这句话挂在嘴边,那"不自在"就来自于他们再也受不了的批评,或者他们认为伴侣夸大其词的担忧。他们并没有意识到的是,如果他们的伴侣感觉被捂住了嘴巴或者未被真正地倾听,就会愈发地难以释怀。

我不知道是什么启发了斯蒂夫。有一天晚上他对我说:"我想晚饭后和你在客厅里来杯红酒,聊聊近些时日你感知到的身体上的一些变化,还有你对它们的感受。你要分毫不差地讲出来,我都想听。"他还建议我从头开始,依次到脚,事无巨细地把所有变化都告诉他。整个过程中,他对我说的内容都给予了莫大的关怀,并不时通过提问题引出了更多细节,也没有表现出要结束谈话的意思。在我把想说的全都说完后,他还耐心地问我:"你有没有漏掉什么没给我讲?"

斯蒂夫在此过程中没有做的事情同他做了的事情同样重要。整个过程中,他没有打断我,也没有给我建议、安慰或乐观的信念;没有批评、评判或者来一句"你太小题大做了"的话轻视我的体验;更没有中途接电话或者心不在焉地翻看手机。

你可以和伴侣一起尝试这个终极倾听的实验。当你心神合一、动机也好的时候,和对方约好时间。谈话场地也有讲究,卧室和厨房或许不如客厅或室外让人放松。还要提前告诉你的伴侣,你随时准备着去了解所有让她感到失落或忧虑的问题。最后,适时地跟她确认:自己是否真的"听明白"了她说的内容。

定律 26　在你感到不适时可以结束倾听

虽然我在与丈夫交流时尽量克制自己，但偶尔还是会在交流中表现出暴躁无礼的一面。当斯蒂夫心情好的时候，他可以忽略我的态度，并以幽默、智慧的方式回应我。有时他则会果断而冷静地说："我不想听你说下去了，除非你换种语气，对我足够尊重的时候再继续。"斯蒂夫完全可以选择成熟理智的方式或者直接打断我的方式结束谈话，一切全凭他当时的心情。但无论选择哪种方式，他都清楚什么样的交流是他不想参与的。如果我继续把他当作问题制造者，而非解决问题的合作伙伴，他就会立即结束谈话。

敞开心扉去倾听伴侣的心声，并不等同于可以让对方贬低或不尊重自己。不要在一场以牺牲自己为代价的谈话里纠缠不休，偶尔发生尚可理解，但当这已经成为你们婚姻里沟通的固有模式时，就要想办法改变它。哭泣、辩论或者试图和那个不懂得倾听与尊重你的人理论都只会引发更激烈的争吵，而你此时需要做的只是静静地走开。

在你希望结束一场谈话的时候，可以试着让谈话朝另一个方向展开："我想听一听是什么在困扰你，但我希望你可以换种表达方式。等我们都冷静下来后，再试着谈谈。"

定律27 减轻自己防御心理的12步

一旦我们的内心处于防御或被动状态,我们就没有能力再从对方那里接收新的信息或者看到事情的两面性,更不用说事情的全貌了。防御心理是一种正常而普遍的心理,是倾听的敌人。

以下12个步骤可以协助我们在沟通过程中减轻自己的防御心理。一起来试试吧!

1. 觉察到自己在防御。防御就是我们会像膝反射一样对对方的话立即做出"但是……但是……"的回应,即在听到伴侣说"我们必须谈一谈"时,内心产生的一种高度紧张的感觉。当内心处于防御状态时,我们会下意识地去捕捉对方抱怨中那些不实、夸大以及错误的言词,这样我们就可以反驳,举证实例,伺机指出对方做错的地方。觉察到我们产生了防御心理,可以让我们与它保持至关重要的安全距离。

2. 深呼吸,让自己放松。防御状态最先表现在我们的身体上。此时,大脑无法再客观地接收外界的信息,因为在紧张与警惕的状态下,我们的倾听能力是最差的。这时最好去做一些让自己放松下来的事情,例如从伴侣的话音落下,到你开始说话的这段时间里，在心里默数几个数，并做一个长长的深呼吸。

3. 不打断对方，但要告诉对方你当下的真实状态。如果你总是想要打断对方，说明你内心不平静。但如果你明明听不下去却还勉强自己继续下去，往往会产生更糟的结果。不妨直接告诉伴侣，你很想把谈话继续下去，也非常重视此次沟通的内容，但是此刻你并不在状态。

4. 问明细节。这有助于你弄明白伴侣所说的重点，也向对方传达出了你很愿意了解相关内容的信息，比如适时问一句："你能再举一个我让你感到被轻视的例子吗？"注意，问明细节和挑剔是两码事，前者体现的是我们的好奇心，而后者则是指责和刨根问底。

5. 留意到你认同的观点，争取引发共鸣。伴侣滔滔不绝地罗列了一箩筐观点，你可能只认同其中2%的内容，但还是要在那2%中找到共鸣："我认为你有些话是对的，我的确是下班回到家后就一副累瘫了的样子。"这个共鸣会将你们的交流从争执转向协作化解冲突。

6. 为自己的言行道歉。只要我们与伴侣之间出现了不愉快的经历，就总会有需要我们去道歉的地方。这个时候，一句简单又不失真诚的"请原谅我在此过程中伤害到了你"，也会让你的伴侣感受到你的真心。

7. 没有"但是"。当我们开始防御的时候，会本能地从口中冒出一连串以"但是"开头的句子，旨在反驳我们理应听下去却无法听进去的内容。就算我们敞开心扉，认真且真诚地和对方交流，我们口中的"但是"一词还是会让对方认为，我们在忽略或否定对方的观点。可不要小看这个藏在对话中的防御性标志，暂时把它从你的言语中去掉吧。实在说习惯了的话，可以学着用"我可以这样吗？"或"想想还有什么要说的没？"来代替。

8. 切忌以牙还牙而致两败俱伤。你完全可以表达出自己的不满，但绝对不是在你的伴侣已经率先发声抱怨的时候。如果你的怨言合情合理，那你就更有理由寻找一个恰当的时机，而不是仅仅把它当作防御性工具。

9. 让对方知道你在用心倾听。即使到最后什么问题都没解决，也要告诉伴侣你已经记住了其说的话："很少能听到你说这些，但我想让你知道我会认真去想想的。"然后花一些时间认真思考伴侣所说的内容。

10. 切忌快言快语。当内心充满防御时，我们恨不得当场说个够，仿佛这是我们人生中最后一次说话的机会。其实不妨提前告诉自己：你会花更多的时间去思考伴侣的想法，现在不需要把自己的观点一次性说出来。若你给自己打了这个预防针，你就可以放松地去听，并让伴侣感觉到你全情在线。

11. 试着感谢对方主动开始此次谈话。哪怕你并不喜欢伴侣说的内容，仍要感谢伴侣开始了这一场并不愉快的交流。当伴侣正如你料想的那样有了防御之心时，要知道婚姻关系本身就需要我们主动开始那些艰难的对话，并对此报以感激。因为只有这样，婚姻中的双方才可能冷静下来，共同为接下来的开放沟通做铺垫。

12. 48小时后再次提起先前的谈话。告诉伴侣你会继续思考其说的话，并愿意随时旧事重提。试着对伴侣说："我一直在思考我们的谈话内容，我相信我们的那番对话对我们的未来会很有意义。"

学会非防御性的倾听是每个人毕生的挑战，我们不妨先从这12步中的前3步开始做练习吧：觉察到自己在防御；深呼吸，让自己放松；不打断对方，但要告诉对方你当下的真实状态。如果你做到了，那就成功了一半。

> 防御是一种正常而普遍的心理，是倾听的敌人。

定律28　学会表达自己的看法

虚心听取批评并不是让你过度迁就对方，委曲求全，压抑自己内心真正的想法。男人之间流传着一个笑谈：丈夫与妻子无论遇到什么分歧,只要丈夫在说话快结束时说上一句话,整个世界就又变得美好了,而那句万能的话就是:"亲爱的,你是对的,是我错了,我对不起你,我下次再也不敢了。"

当你用心听对方把话说完并考虑过她的感受后,你需要坦诚地将自己的看法说出来。譬如,你可以说:"我想了想我们刚才的交流,很抱歉我在聚会上忽略了你,可我不认同是我让你喝多了这件事。我会为我忽略了你负责,但我没办法为你喝醉了这件事负责。"

学会表达自己真实的想法,同时允许你的伴侣也这样做,这是双方拥有独立自我、建立幸福婚姻的核心所在。还要记住,如果你有不同意见,可以保留,找其他时间再说,或者至少等对方感觉自己的话被你听进去并理解后再说,那样的话,对方的接纳度会更高。即便到那时对方对你的意见不予认同,但你也做了自己该做的,那就是听从自己的心声,在合适的时间把自己的真正所想说了出来。

定律29　引导伴侣以你想要的方式去沟通

永远不要对伴侣失去信心,即便你发现伴侣很爱找茬,情绪波动大,或者说不到三句话就翻脸,以至于让你对沟通产生了绝望的心理。你需要做的是告诉伴侣,为了让交流顺利地进行下去,你需要伴侣怎么做,并且在整个对话过程中不时地提醒伴侣。

我在咨询中曾遇见过一位男士，他告诉我，他的妻子在感到焦虑时，就会用一种火急火燎的方式没完没了地说一件事，而这也成了他们的生活常态。这些年来，他逐渐对妻子变得疏远与冷淡起来，而这加重了她的焦虑情绪，如今她说话如同吃了火药似的。

后来，他勇敢地向生活迈进了一大步，那是在一次双方情绪都很平静的时候，他走近妻子，温和地对她说："亲爱的，我一直都想好好听你说话。但可能是成长经历不一样，我不喜欢冲突和说话大嗓门，所以当你事情还没说就先指责我或者对我讲你的担忧时，若你的言语中夹杂着激烈的情绪，我会有种被吞没的无力感，并且想要远远地逃开。我正在咨询专家学着处理自己这方面的问题，我也在想是否有办法可以让你协助我成为一个更好的倾听者。"

在随后相处的过程中，他告诉妻子可以试着平心静气地靠近他，包括说话慢一点，声调低一些，情绪柔和一点，并请她一次只说一个不满的地方；另外，他还对妻子说出了压在他心底的话："你知道吗？每当我刚踏进家门那一刻，或者我们一家人终于可以坐在一起吃晚饭的时候，你就开始表达对孩子们的担忧，这些时候我不想听也真的听不进去。我希望我们能单独找个时间，一起探讨那些烦扰你的事。我可以什么都不做，就专门听你说。"

他同时还解释说自己并不是想去控制她，而是想让妻子明白，在激烈的情绪氛围里，自己有多压抑与不安。他自始至终都没有将自己的糟糕感受怪罪到妻子身上，而是一直在说自己的问题。他还对妻子说出了问题中蕴含的积极面："我还看到，我抗拒你的地方正是我爱着你的地方——你旺盛的精力和活力，还有直面问题的能力。"

显然，他的妻子不可能在一夜之间就把自己的情绪调节好，他也无法在妻子唠叨或焦虑时一直保持平静与放松以缓和紧张气氛。但他可以在自己的情绪压抑到无法承受时提醒自己和妻子结束交流，待彼此都平静下来后再继续探讨。

如果你能在不评判、不指责对方的前提下，帮助对方了解究竟是什么造成你无法更好地倾听，那么你自然会成为一个更好的倾听者。

> 告诉伴侣，为了让交流顺利进行下去，你需要伴侣怎么做，并且在整个对话过程中不时地提醒伴侣。

定律 30 为自己建立倾听的底线

每个人都有倾听的底线，就像我们能付出多少也有限度一样。当某件事已经超出了你的承受范围时，你需要做的是想办法结束对话，或者朝另一个方向引开话题。你需要知道，你已经心不在焉却还假装聆听，或者边听边压抑着自己的想法或感受，并不是有效沟通的表现，这只会慢慢毁掉你们的婚姻。

吉姆是我的一位客户，他告诉我，他的妻子莎拉最近像是着了魔，没完没了地抱怨她父亲所在的疗养院对她父亲照料不周的事情，几乎每天晚上都要说上一遍，尤其是在晚饭时间。吉姆开始变得害怕和她交谈，最后干脆装聋作哑，任由她说，因为他感觉限制她说这些会显得自己没有人情味，再者莎拉也不会理会他的抗议。

于是我和吉姆一起思索，出现这种状况的时候该如何与莎拉沟通，才能改变这种相处模式。过了一段时间，当莎拉又要开口说她父亲的事情时，吉姆温柔地打断了她：

"莎拉，我知道你对父亲没被悉心照料的事很心烦，但是有时候我感觉我正在一点点失去我们两个人相处的珍贵时光，因为有太多个夜晚你都在说这一件事。我最近在工作上遇到了一点问题，我想就此和你谈谈都没有机会。

"莎拉，我向你保证，无论何时何地，在你父亲这件事情上我都会全力支持你，但是我不想在我们全家聚餐的时候听你说这件事。

"还有（以放松、温柔、戏谑的语气），莎拉，如果你在今天的晚饭时间再提一次养老院的事情，那我就把晚饭拿到车库去吃了！记住我们'不在晚饭时间说烦心事'的约定，除非遇到紧急状况。不过你好像确实很心烦，那等我们吃完饭后在客厅好好谈谈这事吧。"

特别重要的一点是，吉姆说出了自己对这个问题的底线，还表现出了对这件事情的重视。更确切地说，他表达出了自己内心的需求，以及希望在什么时间、什么地方沟通问题。

定律 31　直接表达你的需求

我丈夫斯蒂夫最大的优点，那就是就算遇到天大的事，他都能微笑面对，而且总有办法让我也看到事情好的一面。但事情都有两面性，当我需要他认真听我讲话时，他依然一副嬉皮笑脸的样子。我已经郑重地向他提过这个问题，甚至有时在他真正进入状态前我还得说上好几遍："我现在没心情开玩笑，我需要你认真听我说。"

在每场谈话里都希望伴侣投入全部注意力与情感是不现实的事情。如果你真的需要他高度关注一件事，那不妨直接告诉他。

甚至可以在开始之前，你直接告诉对方你希望他怎么做："我希望你听着就好，然后告诉我做对了的地方。""我想听听你对我接下来应该做的事有何看法和建议。""我只是想让你站在我的角度去体验一下我的不易，即便它对你来说可能并没什么。"

我们也许会想当然地认为自己的伴侣知道什么时候不要分心，知道我们想要听到什么样的答案，我们期待伴侣能读懂我们的思维或者领会我们的非语言线索，而这本身就不公平。不如就让你的伴侣省省力气吧，直接告诉伴侣，你想让伴侣在听的时候怎么做。

　　在他并没有好好听的时候，坦率地说出你的具体想法，比如说："当我提出我在工作中遇到的问题时，你却在环顾房子的各个角落，然后牛头不对马嘴地说起了你最近膝盖痛的问题。"你要把批评说具体些，而像"你从来就没好好听我说话"这样的批评是没有用的。

　　你也可以找机会问问伴侣你的倾听能力如何，尤其是当你们在沟通存在严重分歧的话题时，他也许会说出一些对你有帮助或令你感到惊奇的看法。

> 　　不如就让你的伴侣省省力气吧，直接告诉伴侣，你想让伴侣在听的时候怎么做。

第四章
学习和疏远自己的伴侣建立新的连接

我在机场的礼品商店随手翻阅一本杂志时，看到了一篇描写婚姻关系的文章，文中还附有一份为婚姻关系亲密度打分的测试问卷。我们大多忍不住，会做这类测试，逐一回答所罗列的问题，然后心虚地核对结果。大部分情况下，很不幸，从结果看，你的婚姻完全是个失败的例子。在你真的这样做之前，我希望你先明白一点：生活中有的伴侣喜欢像连体婴一样黏在一起，也有些喜欢像与室友相处那般相敬如宾，还有一些则是介于这两者之间。世上没有适合每一对伴侣的所谓"正确"的亲疏标准，即便是同一对伴侣也不可能永远保持固定的亲疏度。

当然，有距离也可能代表婚姻关系亮起了红灯，它暗示的要么是双方的矛盾已经到了不可调和的地步，要么是双方早已同床异梦而只是隐忍不发。但是，双方有距离并不意味着婚姻的弱不禁风。伴侣突然对你表现出疏远与冷淡，也许只是她正在度过内心的艰难时期；而如果你们刚刚有了孩子，或许只是因为她每天累得只想赶紧睡觉，而根本没有交流的欲望。对我们来说，有时候生存要高于亲密。在特殊时刻，"解决办法"就是认识到你们的婚姻根本没有问题，不要去管婚姻专家们怎么说。

抛开外界的那些对亲密的衡量标准，处于婚姻关系中的两个人要学会在相处与独立之间达成平衡，保持一个让彼此都感到舒服的距离。每个人对亲近与距离的需求各不相同。当我们因为对方的无动于衷而感到心烦意乱时，我们就会下意识地进入一种"穷追猛打模式"，可这样只会让问题变得更严重。如果你紧逼一个情感上与你有所疏离的人,那他只会逃得更远;如果你适当疏远一个情感上极其依恋你的人,他则会追你追得更紧——这就是关系中的守恒法则。

记住,依恋和疏离是人类面对压力时经营关系的正常方式。只有当依恋和疏离成了相处时的一种常态,依恋者和疏离者都感到极端痛苦时,婚姻关系才会出现问题。在这种状态下,任何一方的行为都会牵动并强化另一方的行为。举个例子,两个人在面对孩子的问题时感到了压力,她靠近他,很急切地想要讨论一番,而他却选择了退缩,这愈发增加了她的焦虑,所以会更加紧逼不放。结果可想而知,他逃得更远了。于是一场争吵随即爆发,双方均把问题往对方身上推,因为将问题推给我们的伴侣永远要比承认是自己的问题简单。要想和依恋或疏远自己的伴侣建立亲密的关系,我们就需要在相处过程中走出这种你追我赶的死循环,一步步做出改变。

当然,我们每个人在不同的状态下或面对不同的问题时,都会表现出依恋或疏离的一面。比如,他可能会追求情感上的亲密,却对医疗保健方面的问题保持回避拒绝的态度。但不管怎么说,依恋者在面对距离时会感受到更多的痛苦,因而其也是最有动力去改变这种关系模式的一方;而疏远者即便会对婚姻中诸事的发展方式心存不快,他也宁愿选择维持现状,不愿意靠近那个处在追赶模式中的伴侣。鉴于此,下文中的多数定律均旨在帮助依恋者停止过度依恋,重新与伴侣建立和谐亲密的关系,不再在此类依恋与疏离的双人舞里消耗彼此的精力和感情。

定律 32　你是依恋者还是疏离者

想要在依恋与疏离的双人舞里改变自己,我们首先需要了解这两种风格各自有何特点。高压当前,我们变成了与以往不同的自己的时候,恰是最容易识别我们所扮演角色的时候。

依恋者的表现:

- 情绪焦虑时会希望伴侣对自己更亲密。
- 非常重视表达自己的感受,凡事都要毫无保留地讲出来,并认为他人也应如此。
- 当伴侣想要更多独处的时间与空间,甚至远离他们时,他们会有被遗弃的感觉,并对此耿耿于怀。
- 当伴侣想要保持距离时会更加紧逼不放,而当努力失败后则会在情感上变得冷漠疏远。
- 在婚姻中给自己贴上否定意味的标签,如"太依赖他人"、"要求太高"或"十分挑剔"。
- 喜欢用"不考虑别人的感受"或"不懂得温情"的话语去评判伴侣。
- 在感到焦虑时,喜欢带着一种紧迫感或激烈的情绪靠近对方。

疏离者的表现:

- 当感到有压力时，喜欢通过物理空间上的远离达到情感上的疏离。
- 视自己为自力更生且注重隐私的人，在生活中惯于自给自足而不是寻求他人的帮助。
- 在表达自己的需求、脆弱以及依赖方面有困难。
- 常常从伴侣那里收到类似"不会表达"、"隐瞒实情"或"没感情的动物"这样的标签。
- 他们在婚姻里通常选择化身为工作狂，抑或通过玩电子产品或运动成瘾的方式疏解自己的焦虑。
- 容易在伴侣面前举手投降，认为"事情讨不讨论都一样"，极其受不了起冲突。
- 当感觉伴侣不会逼迫自己、对自己穷追不舍或批评自己时，极易敞开心扉。

永远记住，在婚姻里造成问题的是我们的应对模式，而不是我们人本身。了解与伴侣之间的相处模式并明了自己在其中扮演的角色，是打破恶性循环的第一步。

定律 33　给伴侣足够的私人空间

也许你已经和一个注重隐私的伴侣过起了日子，对方或许对你在聚会上的所见所闻漠不关心，或者不愿和你过多谈及自己的肠胃炎。如果是这样，那就不要以爱的名义纠缠不休地捏造出一些对他而言无中生有的事情。如果把对方与我们的实际差异解读为有问题的疏远，那只会让我们的婚姻朝着更糟的方向发展。

菲丽思是我的一位来访者，她嫁给了安静内向的道格。道格是家里的独生子，而菲丽思则出生在一个被她自己称之为"闹哄哄的大家庭"里。两人初识时，她被他的冷静、独立以及对工作和学习的专注和热情深深吸引；毫无疑问，他则沉迷于她开朗直率的性格，对她那多姿多彩的大家庭充满了向往。

在他们随后的婚姻生活里，正如我们很容易想到的，菲丽思开始憎恨起道格身上那些曾吸引自己的品质来。她为了得到更多的与丈夫亲近的机会而对其步步紧逼，把他对工作的热爱说成"沉迷于工作"，并对他不向自己敞开内心世界小题大做："你连自己的感受都不愿意对我说，我都不知道该怎么好好过下去。"闹也闹了，结果菲丽思发现道格不但没有改变，而且面对自己评判加批评式的步步紧逼，反倒离自己更远了。现在，她觉得道格的冷静是对自己的无声控诉。

我建议菲丽思把丈夫想象成一只猫，试着不要将他对独立的需求看成是刻意针对自己的做法。菲丽思很爱她家的猫，这只猫有着一切猫科动物的典型行为：喜欢趴在她的双膝上，发出心满意足的呼噜声，然后无缘无故跳下她的膝盖，蹲起身子蹲在某个角落里。当这只猫需要空间时，菲利思不会不安地在心里怀疑自己是不是做错了什么，或纠结刚才猫为什么会从她身上跳下，或者忧心她与猫之间是不是出现问题了。她也不会强行让猫回到自己的双膝上，因为她知道它还会跳下去。她接受它的行为是出于本性，同时知道它对自己的亲近和疏离全凭己愿，而不在于她是什么样子。

虽然这种态度上的转变并没有"满足"菲丽思在婚姻中对丈夫更亲密地对待自己的渴望，但却令她想起了丈夫最初吸引自己的诸多优秀品质。当菲丽思较少介意丈夫需要隐私与个人空间的举动时，她反倒可以心平气和地创造更多机会与丈夫建立亲密关系，而不再是焦虑地强求。同时，尽管道格离菲丽思想要他成为的样子还有一段距离，却也尊重与接纳了妻子很多。

定律 34　学会理解疏离

依恋与疏离是人类面对压力时表现出来的两种不同的寻求安慰的方式。很显然，当双方均未采取这两种行为方式并都能灵活地改变自己的风格时，婚姻关系就会处于最佳的状态。但我们需要知道的是，无论是哪一种行为方式，它本身都没有对错、好坏之分。

这也就是说，认为自己的行为方式才是正确的很正常。即使自幼在有自省习惯的家庭中长大，可一旦我们想剖析出现的问题，也会理所当然地认为对方应采取我们的行为方式才对。

我们可以感受一下艾伦和萨布拉这对新婚夫妇的日常互动。当萨布拉听到她妹妹患重病的消息时，我正好和他们在一起。我们听她面无表情地把这件事随口一提，然后便说起了别的。

在场的大部分人对此都习以为常，因为这很"萨布拉"，她从不善于表达自己柔软、脆弱的一面。但这令丈夫艾伦很受伤，尽管他很欣赏妻子"停止抱怨，勇往直前"的生活哲学。

到了晚上，艾伦终究是没有忍住："萨布拉，你永远都这样，从来不给我做出反应的时间。你对我讲了你妹妹患病的事情，然后完全无视我的存在，就把话题转移了，让我连表示关心的机会都没有。"

"艾伦，"萨布拉以她一贯的坚定口吻说，"我知道你听到我妹妹的情况很难过。你不用说，我都知道。"

就在艾伦刚想争辩时，萨布拉打断了他，并用一种更加坚定的语气说道："你看啊，艾伦，当你和别人讨论自己的烦心事时，你心里就会舒服很多。但当我谈论的时候，我只会更难受。我只想说完就放下那件烦心事。你要学会承认并理解我们之间的差异。"

是的，艾伦需要理解萨布拉与他之间的差异，但同时也要让萨布拉了解，当她对自己讲那些不好的消息时，他需要萨布拉给他做出回应的机会，哪怕她更希望他默不作声。如果在尊重彼此差异的前提下，能稍微改变一些自己的风格，他们相处起来就会更融洽。

就我而言，在听到萨布拉说谈论痛苦只会让她感受更糟时，我有颇多领悟。她的话提醒了我，即便是貌似"匪夷所思的表达方式"，也不过是在遮掩人类的一个基本共性：每个人在压力下都会急切地采取不同的处理方式以寻求内心的平静。

定律 35　主动营造和谐的亲密环境

当伴侣对自己有所疏远时，我们会情不自禁地对他下结论："看你最近对我心不在焉的"，婚姻关系也难免被品评一番："我感觉咱俩的婚姻已经名存实亡了"。如果恰逢我们的内心感到脆弱，还会无限夸大眼前的事实，比如会来一句"这一年来我们都没真心诚意地交流过一次"。这样一来，无中生有或小题大做的指责与抱怨也就自然而然地发生了。

如果你想和对方更亲密，不妨一起参加某项活动——"我听说湖边有条环境优美的小道，这周我们一起去看看吧。"不要为了交流而交流，也不要围绕"你不爱说话可不行，要试着多交流"这样的话题展开对话。

接下来的这个事例告诉我们，如果想要和一个情感上疏远的人建立更多联系，需要避免哪些行为。

卡罗尔向来把丈夫詹姆斯当成不善言谈的人，所以当詹姆斯欣然同意去他俩最爱的日式餐厅吃晚饭时，卡罗尔的激动之情溢于言表。他们一直聊得很开心。当味噌汤端上桌后，卡罗尔认为总算碰到一个可以"总结"他们婚姻关系的时刻了。于是在她的"主导"下，两个人就有了以下的对话内容：

> 她说："你知道吗？我们现在都不怎么交流了，这让我心里很难受。"
>
> 他说："我们都不怎么交流了，这是什么话？我刚才还

在和你讲我工作中的事呢。"

她说:"但我指的是真正的交流,不是我们日常的那种。"

他说:"不知道你指的真正的交流是什么?我一直说得好好的。"

她说:"好吧,我从来都不知道你心里的想法。也许我是知道一些你工作上的事,但这都是很表层的东西,我感觉你像是在封闭自我。"

他变得愤怒起来:"所以你今天把我叫出来吃饭是为了奚落我吗?真让人受不了!"

她说:"请不要抵触好吗?你现在说得好像我故意找茬一样。"

他说:"你没问题。但我现在只想离开这里,这不是我想象中的约会。"

她也忍无可忍了:"你可真够可以的,我刚想和你亲近点儿,你就想回家。我对你佩服得五体投地!"

他们的这个约会就是典型的灾难现场,因为卡罗尔把交流的重点放在了指责詹姆斯对表达情感的抗拒上。詹姆斯对此的确有防御心理,但卡罗尔没有意识到导致约会不欢而散的问题出在哪里。如果她想要"真正地交谈",本可以去问詹姆斯更多工作上的事,或者聊一个两个人都感兴趣的话题,但卡罗尔说的却只是对丈夫、对婚姻的负面评价:"我感觉你像是在封闭自我","我们现在都不怎么交流了"。可这只是一个可以放松身心的约会，而不是讨论他们交流方式的严肃会议。

在你对伴侣或者你们的婚姻做出诊断前，不妨先选择一个和谐亲密的环境，就像卡罗尔计划的约会地点——他俩最爱的日式餐厅。在随后的相处过程中，不要用消极的观点评判自己的伴侣或婚姻，例如借机把对方诊断为过于情绪化或咄咄逼人的人。只需试着去拉近你们的距离，这才是最终的目的。

> 不要围绕"你不爱说话可不行，要试着多交流"这样的话题展开对话。

定律36 减少情绪波动

改变过度依恋的模式也许只是意味着改变你自己的行为模式，比如讲话时音量高、语速快，打断对方的话而自顾自地喋喋不休或是未经对方请求就为其提供帮助或建议。对于一些情感上较为疏离的人而言，他们大多都极为反感这样的行为。他们或许会说"我不想说了"，而他们不愿深入说下去的原因，其实是他们害怕陷入那种在情感上被吞没的交谈中。

如果你喜欢抱怨"他什么都不愿和我说"，不妨先回过头来检视一下自己的行为模式。要记住，一旦双方的互动进入了依恋和疏离模式，即便是积极的情感也会让两个人产生距离。当疏离者丧失了安全感时，过度慷慨或关心的举动对两个人的相处毫无益处，比如，不停地问伴侣感觉如何或是动不动就赞美伴侣。

试着在接下来的几周改变一下行为模式：少说一些，语速慢一些，音量降一点，不要打断对方说话，停止批评，给彼此更多的独处空间。你可以在每场对话里都按照这些要求行事，或者专门挑一个你和伴侣都感兴趣的热点话题做实验。

定律 37　试着转移注意力

试着降低你对伴侣的要求或转移你的注意力，即便这是你眼下最不愿意做的事。如果在家时你预感到自己将要强迫伴侣和自己交流，那就约一个好友出门逛街；如果你和伴侣一起去看电影，在这个过程中你感觉他忽略了你，那么等电影散场后你们就只讨论电影，不要谈你受伤的感觉；如果每次他钻进厨房准备晚餐时，你习惯性地绕着他转，"监视"他的一举一动，那么你现在需要做的是离他远一点儿，去折叠晾晒好的衣物或者去照顾孩子；也不要没事就发信息或打电话给他，除非有急事要处理。就在你假装平静的过程中，你慢慢地会真正感受到内心的祥和。

> 试着降低你对伴侣的要求或转移你的注意力，即便这是你眼下最不愿意做的事。

定律38 创造"无手机时间"

智能手机本是方便大家更好地联络感情的现代科技产品，却在我们毫无意识的情况下在我们之间制造了距离。对一对伴侣而言，他们需要有意识地在日常生活中创造"无手机时间"，并带着全部注意力专注地去陪伴彼此。

在海边度假时，我们可能依旧要随时候命，接听电话或者查看电子邮件，这样会加快工作进度。开始的时候我们对这些深信不疑，但事实果真如此吗？其实你并不需要不停地查看短信、检查邮件或手机上其他任何信息。

不妨找个时间和伴侣坐下来，为你们的"无手机时间"制定规则。我在生活中是这样规定的：

1. 在做饭、吃饭期间，把手机关机或调至静音，并将它放到视野以外的地方，在此期间也不允许接听电话。
2. 在我们谈话或者和他人交流时，不允许接听电话——若有电话打进来，可以在谈话结束后回电话。
3. 如果来电至关重要，那就到伴侣听不到的地方接听。

如果你的伴侣对此已经颇有微词，那么远离科技产品就变得更加重要了。我的一位客户告诉他妻子，他为生活制定了新规——"下班回到家后，要花两个小时专门陪伴妻子和孩子，期间不接触任何科技产品"。他的这个新规显著地改善了自己的婚姻关系。他的改变意义非凡，因为他妻子之前一直在极力忍耐他手不离机的行为。曾有一次，她一再要求丈夫到厨房搭把手，可他依然一动不动地在那里给他弟弟发信息。她忍无可忍，冲过去将他的苹果手机扔到了马桶里。

对我们现如今的生活来说，制定一些"暂停使用"的规则绝对是大有益处的做法，就像在飞机起飞与着陆期间严禁使用任何电子产品一样。

定律39　首先关注自己

在婚姻关系中，依恋者面对的最大的成长挑战，就是要把焦点从疏离者的身上转移开来，带着尊严和热情去关注自己的生活。如此坚持下去，依恋者就可以转移自己的关注点。而若想让疏远者认识到自己对亲密关系或者真诚交流也是有需要的，这也是唯一的办法。

你不妨做一个尝试：选定至少几周的时间，期间不去过度关注你的伴侣，而是全身心地投入自己的生活。保持距离却不疏离，也即温和地和伴侣保持连接，不要求与伴侣过分亲密。事实上，要在整个试验阶段都忘记亲密一词；抵制住想要让他靠近你的渴望，若有烦恼或交谈需求，可向亲朋好友倾诉；甚至还可以给他超出预期的空间，让他多参加一些新活动，或者多花些时间和朋友或其他家人待在一起。

停止批评或做负面评价，不要把他缺少温情、没有情趣和不够专注之类的话挂在嘴边。你甚至可以为自己早前的言行向他道歉："最近真是烦着你啦，我想有一部分原因是我压力太大了。"

最重要的是，要让自己保持温和、友善，即使你只能假装如此。不要争吵，也不要展示出冷漠、被动疏离的姿态，虽然这可能对他一时有效，但从长远来看，冷漠以对无法从根本上改善你们的关系。你要明白，重新将时间与精力放在自己的生活上并不会使婚姻进入僵持状态。

在这几周时间里，专注于自己的生活质量与方向。你想培养什么才能或爱好？你的工作目标是什么？若要成为一个好姐妹、好兄弟、好女儿、好儿子、好姨母或好叔父，你得对这些身份持有什么样的价值观与信念？你想与自己的社会团体建立什么样的联系？你想结交新朋友，或者想和老朋友有更多联系吗？你有通过锻炼身体、改善饮食去好好照料自己吗？你想要为家里营造什么样的氛围？什么能使你感到愉快和喜悦？你有努力去成为一个对他人有帮助的人吗？你之所以会过度关注自己无法从伴侣那里获得的东西，也许最后这个问题正是症结。

关注自身是打破依恋—疏离这组动态循环的最有效的方法。要找到经营婚姻的最佳途径，永远需要你先经营好自己。相信最后无论你的伴侣如何回应，这个尝试都会令你学会自信与淡定。

关注自身是打破依恋—疏离这组动态循环的最有效的方法。

定律40　警惕这些危险信号

如果你一直在用前面几个定律要求自己，但依然感受到伴侣对自己的疏远，那就不能像鸵鸟那样回避真正的问题了。因为当我们认识到婚姻存在严重问题时，对之视而不见不过是自欺欺人。此时无论是选择关注自我还是为生活增加一些有趣味的安排，给婚姻关系带来的可能只会是二次伤害。相反，你需要让自己在没有怒气、不抱怨或者怀有让对方更亲密地待自己的期待的前提下，平静客观地和对方谈谈你内心的顾虑。

那么，什么情况代表婚姻关系出现了危机呢？若你的伴侣不愿意谈及两个人一起生活时的本质性话题，比如钱财如何支配、家庭内部与孩子相关的事务如何分工等，那就说明你们的婚姻出了问题。当然，也有可能他的疏远源于他有抑郁症或者药物成瘾等造成的行为失调。他也许会突然要求和你保持超过你所能承受的距离，比如他说想一个人去印度学习一年瑜伽。距离已变成竖在你们之间的高墙，他长时间在他自己应该在的位置上缺席，导致你已无法触碰到他的内心。

你需要跟随自己的智慧和直觉，清楚自己什么时候无法对现状坐视不管。如果你感到不能再任由某个问题继续存在，将内心的顾虑表达出来就变得至关重要。我们可以就一个问题反复交流，但不要重新回到追击模式中去。如果在合理的期限内什么都没有改变，那就有必要把自己的底线告诉对方。第八章中的内容将会详细讲述如何完成这个挑战。

定律41　如果你是疏离者

本章的大部分定律都是写给情感上的依恋者的，因为他们相对而言会感受到更多伤痛，故而更有勇于做出改变的动机。但如果你在婚姻关系里属于疏离者，也许会认为维持现状是一个相对不错的选择，或者更准确地说，你在婚姻里可能过得并不开心，但是靠近追击式的伴侣却又有种从热锅中跳到烈火里的感觉。

情感上的疏离者极少会去主动改变这种依恋—疏离的关系模式，但是相信我，此条定律值得你去成为那个例外。你首先要明白，正是你的疏离引发了对方的追击，她与你"无法交流"正是源于她感觉自己无法触动你。她或许觉得自己的想法或痛苦对你无关紧要，在你心里她不再排第一位。

你还需要记住的是，疏离和树立心墙是离婚的前奏曲。当在未被倾听——进入追击模式——仍未被倾听这个恶性循环里感到精疲力竭时，很多女人通常会选择离婚。即使此时疏离者因害怕伴侣就此离去，于是痛改前非，对伴侣展开激烈的追求，可能也为时已晚。

以下5种方法可以帮我们从本质上认识并修正疏离者的角色：

1. 你需要的是空间，而不是距离。当你需要空间的时候，要学会使用一种不会引起对方追击的方式去实现。你计划在车库里完成工作是一回事，但如果伴侣刚下班回到家，你就钻进车库忙个不停，那可就是另外一回事了。要让她感觉到你随时都会出现在她身边。

2. 从内心走近她。你可以返回看第一章内容，学习真正意义上的理解与包容，并结合第三章中讲到的倾听方式，去关注、理解、全心全意地陪伴对方，听听她对你在工作或家庭中遇到的问题的看法，并重视她的反馈；学会表达你有多感激她为你的生活所做的一切。

3. 重新公平地分配家务。如果在做家务或照料孩子方面有分配不公的地方，主动提出问题并协调平衡；学着留意家庭与孩子何时需要你，如可以看看孩子的衣物是不是在洗衣机里堆着，都快发霉了还没处理。我不敢细数有多少婚姻是因为家庭里的劳动分工存在不公而起起落落的，而这些不公很容易让过度依恋——疏离的关系模式上场。

4. 勇敢面对她的需求。如果和她交流太困难，也不要就此放弃，然后草草得出一个娶错了人的结论。如果你此刻身在婚姻中，那就全身心地参与进来。不妨直接告诉对方，她要怎么做才可以让你们的交流更好地进行下去，具体到你希望她如何表达、如何倾听。在你们交流的过程中，你要不断提醒她。大部分依恋者宁愿面对一个对自己的行为有明确要求的强硬伴侣，也不愿对着一个信守"沉默是金"而得不到回应的伴侣。坚定而充满建设性的抱怨至少可以让对方知道，你希望婚姻朝着更美好和谐的方向发展，同时甘愿为此努力。

5. 对电话追踪说"够了"。如果你觉得伴侣总是通过各种手段追踪你，那么当你外出散步或与朋友见面喝咖啡时，不妨把手机留在家里。当然了，在你打算不带手机或关机时，一定要提前告诉伴侣这件事，以免产生更大的误解。在手机普及前就已成长起来的我们应该明白，其实你并不像你认为的那样需要手机。

最后，你要记住，过度的依恋同过度的疏离一样，都是婚姻关系出现危机的信号。或许，说严重警告更恰当。你只需要以一种充满爱意的方式靠近伴侣，同时要清楚自己可以忍耐的限度。如果你在忍受对方那些令自己感到窒息或长期使自己不满的行为，你们的婚姻只会滑入冰窟，同时陪葬的还有让自己快乐的能力。所以，从现在开始学会表达自己的心声吧，给你们的婚姻一次争吵的机会！

第五章
争吵的意义

你是否曾把自己一天所经受的不顺带回家里，然后发泄在你的伴侣身上？我们无时无刻不在承受着来自生活各个方面的压力，而后将那些无法自行消化掉的情绪发泄到伴侣身上，这再正常不过了。什么才是伴侣呢？他不就是那个见证你的一切，你不用在其跟前"顾虑自己形象"的人吗？

婚姻是一根避雷针，它会吸引来自四面八方的焦虑和压力。若我们的婚姻建立在一份稳固的友谊之上，彼此懂得尊重对方，这段婚姻便能够承受住大量的情绪干扰。一场有意义的争吵可以平息很多情感纠缠问题，我们不仅可以借此看到自己的婚姻经得住矛盾与冲突的袭扰，甚至可以借此学会如何更好地相处。这是一件多么美妙的事情！然而，生活中却有很多夫妻陷入无休止的争吵与指责当中，不知该如何解脱出来。若我们只是将争吵视为情绪的宣泄，而未借机反思、及时疏导双方淤堵在内心的糟糕感受，那么最终消耗掉的只会是我们对彼此的爱与尊重。要知道，任何一段成功的婚姻永远是以爱和尊重为前提的。

愤怒无疑是一种很重要的情绪，它在提醒我们婚姻关系中存在的不合理之处，同时提醒我们要主动承担自己应负的责任。但是，争吵并不能解决那个让我们生气的问题；恰恰相反，无效的争吵不但不能修正现有的关系模式，反而会巩固现有的关系模式。当人们感到异常愤怒时，思考、共情以及创造性解决问题的能力都会荡然无存。在那一刻，我们往往会过度关注对方的行为（对方对我们做了什么或没做什么），而无法跳脱出来做出其他选择。我们一心想用那股"愤怒的能量"去改变伴侣的言行，结果什么都改变不了。令人惊讶的是，生活中有很多夫妻很清楚他们在争吵什么，可同样令人惊奇的是，他们无力改变这种互动模式。

下文中的定律意在帮助我们灵活应对婚姻里的矛盾或冲突，学会有创意地解决问题，而不是消极应对伴侣或者变得"低声下气"。借由这些内容，我们可以学会避免那些对婚姻造成伤害的争吵与消极信念，抑或只是为了不再任其破坏原本美好的一天。

定律 42　吵架之前先立下规矩

在婚姻关系里，对于争吵一事，首先要做的是立规矩，明确夫妻双方对待彼此的底线。一旦立下了规矩，就要对它们负责，即便是在盛怒而难以自持的时刻也得守规矩。在争吵时，我们往往会因为盛怒而失去理智，变得口无遮拦。就好似强烈的愤怒给了我们某种特权，让我们可以畅所欲言、为所欲为。事实上，如果我们确实想让自己的婚姻幸福的话，我们可以控制住自己，表现得更客观镇定。如果你或伴侣实在无法很好地控制住自己的怒气，寻求专业帮助对你们来说非常重要。

关于夫妻间如何公平地争吵，专家们的建议各不相同。我建议你先和伴侣坐下来，提出你的一些规矩，比如说"不要大喊大叫，彼此保持最起码的尊重""争吵过程中不要翻旧账"，

"不要在睡前讨论双方有争议的话题"等等。很多夫妻都发现，把商定好的规矩写下来，贴在双方每天都能看到的地方，这个做法对婚姻幸福大有帮助。

幸福的夫妻并不是不会发生争吵，而是无论他们有多么愤怒，他们都懂得公平争吵，并始终对自己的言行负责。

> 幸福的夫妻并不是不会发生争吵。

定律43 想象家里住着一位贵客

大多数的夫妻都比他们想象中的自己更能控制住一场争吵。

几年前，我在旧金山碰到一对夫妻，两人均是身居要职的专业人士，但他们一天到晚争吵不断，话头上各不相让。无论是吃饭、做爱、计划度假、计算生活开销、装修房屋、培养孩子，还是处理与双方父母或前配偶的关系，似乎任何事情都能引发一场灾难般的争斗。每次争吵的时候，他们都会"老账新账一起算"，新旧伤疤一个一个地揭，但最终没有解决一个问题。

所以到现在为止，两人在面对分歧时依旧是针尖对麦芒，争吵一触即发，双方都声称控制不住自己的脾气。当时有一位著名的英国教授以客人的身份在他们家里住了几个月，而他住的客房刚好与夫妻俩的卧室相邻。"在那段时间里，我们说话从来没大嗓门过,"那位妻子对我说,"彼此之间彬彬有礼。我想,也许是自尊心在作祟。"他们都认同那几个月是自己婚姻里最美好的一段时光。

我多么希望我有这么一位英国来的贵客,可以随时借给我那些关系紧张的来访者。这或许是一个非常有益的练习:想象你家里住着这么一位贵客,你和伴侣就能像旧金山的那对夫妻一样和睦相处。此举可以让你认识到,自己其实有能力调整和控制自己的言行。动机决定了我们的现实生活。

> 大多数的夫妻都比他们想象中的自己更能控制住一场争吵。

定律44 停止争吵是婚姻幸福的第一步

如果你能通过不懈的努力做到让争吵与负面的言行不再升级,那就已经完成了拥有幸福婚姻的第一步。与其被动地等着对方把事情做对,倒不如先学着在面对互不退让的争执时,多一些幽默或更冷静。

约翰·高特曼(John Gottman)将此类可能看上去无比愚蠢的表达或举动概括为"修复尝试"。对此他还举了一个例子:一对夫妻在要买吉普车还是小型货车的决策上出现了分歧,随后冲突演变成了高分贝的争吵。突然,这位妻子伸出舌头,那模样像极了他们四岁大的儿子。而丈夫料到妻子会做这个动作，抢先把自己的舌头伸了出来。紧张感随即烟消云散，两个人开始哈哈大笑。

但是高特曼的研究结果也表明，如果一方做出的修复尝试不成功，或者说对方未能成功回应伴侣的修复尝试，并给伴侣一个停止争吵的台阶，那此举将会破坏伴侣间的关系，加深对彼此的伤害。

当然，每个人都希望对方先做出让步，尤其当我们认定是对方"先开的头"，对方才是应该受到责备的人时。我们忽略了一个事实：真正的胜利是要先停止争吵，并在彼此都冷静下来之后将自己的看法表达出来，无论你是选择使用幽默的方式，还是简单的一句拒绝。你可以这样说："如果你想让我好好听你说，那你可不可以不要让我感觉像是在参加辩论赛？"当双方争执不下时，不妨先学会改变自己的语气或音量，这将在无形之中挽救并强化你们的婚姻关系。

> 真正的胜利是要先停止争吵，并在彼此都冷静下来之后将自己的看法表达出来。

定律 45 及时接住对方抛来的"橄榄枝"

如果在争吵时你的伴侣主动做出了让步，那么你需要尽全力趁机休战,修复彼此受伤的感情。

在我们刚结婚不久的那些日子,我和斯蒂夫也争吵过很多次,而且每次都闹到不欢而散的地步。我经常会独自闷坐五分钟左右,而后去找他。"非常对不起,"我会说,"我为我刚才的言行向你道歉。"但是大多数时候,斯蒂夫并不买我的账,他会说我的道歉毫无诚意,因为我根本没有认真反思自己的行为,只是想当什么事都没发生、得过且过等等。

这通常就是争吵本可以停息却又再次升级的原因所在。但婚姻中的一方之所以会拒绝另一方的求和,是因为他感觉对方的让步缺少诚意,或者认为这只是对方为打破僵局而实施的计谋。当然,在斯蒂夫拒绝我的道歉后,我也会变得气急败坏起来。

最后,我想到一个解决这类问题的好办法。当斯蒂夫再次拒绝我的道歉时,我对他说:"好吧,我会再去认真反思自己。如果你准备好了要和我谈就来找我,我随时等你来。"有趣的是,过不了多长时间,斯蒂夫就会找上门来,自己主动指出问题所在。他开口便会说"这样做太蠢了,我们都别生气了"或者"现在我们谁也别计较了,换个时间再谈吧"。总而言之,若斯蒂夫不接受我最初的修复尝试,那么当他拒绝我以后,他就会向我抛来橄榄枝,而我又能及时接住他抛来的橄榄枝,修复尝试便如此完美地达成目标!

停止一场争吵或者拒绝争吵,只需要一个人就够了,但是争吵过后却需要两个人共同疗愈感情的伤痛。最理想的情况是,你既能主动抛出橄榄枝,又能及时接住对方抛来的橄榄枝,无论对方做出了怎样的让步。如果你们中有一方擅长抛，而另一方擅长接，那就为进一步解决问题做好了铺垫。

然而，接受对方的求和并不代表先前的问题就此可以画上句号，也不是说你就得原谅伴侣的欺骗、背叛，或者继续忍受一贯的不公。当你们的婚姻关系已经遭到了严重的伤害时，一句简单的"对不起，请原谅我"远不足以起到修复的作用，接住对方抛来的橄榄枝只是说你同意结束争吵或者停止消极的互动，并愿意带着诚意与对方继续走下去。唯有如此，你才会为自己可能还在耿耿于怀的事情创造深入交流的可能。

> 停止一场争吵或者拒绝争吵，只需要一个人就够了，但是争吵过后却需要两个人共同疗愈感情的伤痛。

定律46　主动停止争吵

若双方能在争吵发展到不可收拾的地步之前喊停是最好的。但在现实生活中，等到有一方意识到应该闭嘴的时候，两人之间的交流可能早已变了味。当双方或者一方的情绪已经发展到连自己都无法控制的程度时，请立刻停止你们的互动。

如果你的伴侣说"让我一个人静静"，照做就是，强迫自己离开。你也可以表达自己想和对方继续谈下去的意思："对不起，刚才是我太激动了，我们重新好好说可以吗？我保证这次声音小点儿。"但若你的伴侣依然想一个人待着，那你就离开。离开意味着不要尾随她走到另一个房间，不要从门缝里塞字条，不要打电话或发信息，也不要再多说哪怕一个字，维持这样的状态，一直到你们都冷静下来了。

要知道，当你的坏情绪积累到了一定程度，除了这条定律，做别的什么都没用。当对方的情绪已经到达了他自己的忍受极限时，即便你只是追着想向对方表达自己的立场或歉意，也可能会火上浇油。

此外，主动停止争吵的一方要在24小时内主动与对方重新讨论之前的话题，除非那个问题的确微不足道。同时记住，包括前面讲到的一些停止争吵的方法以及本定律，都只有在双方清楚自己稍后会重议话题时才能发挥作用。

> 当你的坏情绪积累到了一定程度，除了这条定律，做别的什么都没用。

定律47　学会尊重对方的弱点

伴侣间日常发生的无休止的争吵，多源于一方不懂得尊重另一方的弱点。了解对方的弱点及雷区对你们的婚姻有着不言而喻的重要性。这些弱点通常源自对方原生家庭里的生活习惯或者一些忘不掉的痛苦经历，造成如伴侣会无法忍受被人误解、被当作透明人或者某种方式的碰触等等一些结果。其实，有时候自己身上也会存在诸如此类的特点。

与其直言不讳地谈论她的弱点（她也不会承认）或者找实例证明他的过度敏感（这更是没事找事），不如学着深层次认识伴侣。可以试着多了解她的原生家庭，多让她讲讲她的成长故事，美好的、不美好的以及痛苦的都讲讲；可能的话，还可以多了解她的家人。这种深入了解会深化你们的关系，还有助于让你的内心，而不是关在你大脑里的恶魔主导你的言行。

埃里西亚是一位理财规划师，他告诉我，只要他和妻子玛丽一起参加聚会或联谊会，回家后两人必定会吵上一架。"玛丽说我会关注在场的每一个人，唯独冷落她，"埃里西亚说道，"可是我和她天天住在一起！我当然想去和平时没机会见面的人多聊几句了。她简直不可理喻。这显然和她的成长经历有关，因为她就是她家里的局外人。"

埃里西亚对玛丽行为的解释极有可能是对的。在婚恋关系里，伴侣之间回应彼此的方式向来与逻辑无关，我们每个人都会把自己在原生家庭里认知到的痛苦或未实现的渴望带进婚姻里。正是基于这些过往，我们会下意识地对伴侣的某种品质或者行为做出过激反应。如果玛丽在自己的原生家庭里像一个局外人，那么她当然会渴望埃里西亚能真正看到她、关注她。

通过心理治疗，埃里西亚不再固执己见地把焦点放在玛丽的期望有多么不合理上。他现在在聚会时既可以没有心理负担地和朋友畅聊，还可以照顾到玛丽的感受。他会在和朋友聊会儿天之后特意和玛丽在沙发上坐上片刻，并带她参与自己与其他人的交谈，做一些玛丽可以接受的亲昵行为。

我不是在建议你向对方的不合理要求妥协（有些人认为这样做违背了自己所信奉的原则），准确地说，我是建议你从一个更广的角度去看待伴侣的抱怨，并学会对她的弱点表现得大度一些。每个人在进入婚姻时都带着一份深切的渴望（通常是无意识的），他们希望伴侣能够理解并接纳自己的伤痛，至少不要再在上面撒盐。

定律48　诚挚的道歉可以修复破裂的感情

真诚地向对方表达歉意可以很好地修复争吵后产生的感情裂痕。我们要认识到自己在与伴侣相处时可能犯错误、举止不当，并懂得为自己的行为负责，弥补破裂的感情——这个过程非常重要。

真正的道歉要态度诚恳，它不是为了快速打破僵局或结束争吵，也不是先悔意十足地向对方道歉，而后继续以往的行径。无论是下班后晚归还是说话时不给对方留余地，若过后一切照旧，道歉就没有任何意义。如果你不诚心悔改并保证永不再犯，那么再慷慨激昂的言辞也是空话。

道歉时不要穿插"但是"或是"是我不对，但是你……"。"但是"会立刻让你的道歉变得毫无意义，紧随其后的也无非是批评或借口。道歉时也不要将关注点从自己的行为转移到对方的反应上，如"很抱歉我昨晚的话让你受到了伤害"。要让道歉自始至终都围绕你自己的行为展开。

在婚姻里，学会表达自我、认清自己，并在消极互动发生后为自己的行为承担后果，是非常需要勇气的。不要一味纠结于"谁先开始的"或者"谁错得多一点"的问题。有时候，只需要一方主动说出"对不起，我不应该那样做"，所有的愤怒与怨恨便能烟消云散。

定律 49　不强求对方道歉

如果你和一个不会道歉的人结了婚，那么再强求也没有用，还不如试着理解对方。有些人本身就不会或者做不到向别人真情实意地道歉，即使他理应如此。哪怕你把定律 48 的内容贴在浴室的镜子上让他们天天都能看见，他们也不会照做。

有很多原因会导致一些人说不出道歉的话，比如，你的伴侣或许是一个完美主义者，一直以来他都严格要求自己，潜意识中根本没有给自己留犯错的余地，也或许说"对不起"会让他感到极其羞愧。人们首先要拥有强烈的自我价值感，方能客观看待自己的不光彩行为，进而为自己的行为道歉。

伴侣在自己原生家庭中的成长经历，也可能会让他很情绪化地看待道歉。一个从来不会向自己妻子和孩子道歉的男士曾对我说："过去我父母总是强迫我向弟弟道歉，并一口咬定全是我的错。"他的父母会说："你现在就向斯科特道歉！"紧接着他们便说："你这哪是道歉的样子？带着诚意重新来一遍！"他当时感觉很丢人。出于一种自我保护的心理，长大后他就再没有向他人说过"对不起"。如果妻子坚持让他道歉，他会沉默以对，或者不情愿地嘟囔一声"是我错了"，目的也不过是图自己一时耳根子清静。

当认为自己"被冤枉"或被迫去承担不属于自己的责任时，几乎每个人都会拒绝道歉。就像一位男士说的："当妻子批评我的时候，我不愿意道歉，因为我感觉自己的脖子上架了一把刀。如果我道歉了，就等于我认同她说的话，所有的错都成我的了，可实际上哪是这样啊？"如果伴侣把道歉看作让自己含冤受屈，那他不可能去道歉。

如果你认为对方确实欠你一个道歉，那就要求他这样做。等你们情绪都稳定下来后，和对方说说为什么这个道歉对你很重要，也试着去了解他不愿意道歉的真实原因，但不要因此事让关系再次剑拔弩张。要知道，发生争吵后，固执不肯道歉的人也许会选择一种非语言的方式缓解紧张的关系，弥补你们之间的裂痕，也或者用行动让你看到他已经改过自新，正在试图接近你。

定律50　学会灵活变通：为对方改变自己

我在《愤怒之舞》一书中及其他地方多次提到过，我们永远改变不了一个不愿改变的人。这句话在本书中可以说成"恩爱的夫妻永远都在为彼此做着改变"。如果两个好朋友之间都能做到公平以待，并在生活中保持一种双方都感到舒服又亲密的状态，为什么我们就不能为伴侣做到这些呢？

我丈夫斯蒂夫是一个很懂得灵活变通的人，如果我想让他改变什么，他通常都会照做。如果我对某事有自己的"习惯"，比如说，我喜欢提前一段时间到达机场等着上飞机，或者若我和他人约好了在餐厅见面，那我就一定要准时到达，对于这些，他都会默默地配合我。如果我在情绪低落时语气严厉地责难他，为了照顾我的心情，他也会任由我发泄，完全不受我的坏情绪影响。

但斯蒂夫在紧要的事情上绝对不会由着我的性子来，因为他绝非一个没有主见的人。对他而言，我的快乐，还有我们两个人的关系，要比那些无关紧要的小事更重要。也正因他懂得变通，所以当他坚持己见的时候，我也就更容易做到灵活应对。

从古至今，女人们都在被灌输如何取悦男人，而且是不计一切代价地取悦，却不是将精力花在如何经营婚姻上。虽然现实生活中也不乏一些好好先生，但他们灵活变通只是为了暂时回避冲突。不要将灵活变通与屈从混为一谈，内心有力量且有较强自爱能力的人才会懂得变通，而屈从则源于内心的恐惧与极弱的自爱能力。我们很多人之所以在小事情上锱铢必较，多是因为误把让步当作是示弱，而我们的婚姻则成了一场输不起的竞争。有机会的话不妨去问问赛场上的运动健将，或者去看看大地上那些顽强的小草，他们会告诉你，以柔克刚才是制胜的关键。

定律 51　不要拿离婚作威胁

不要在盛怒之下拿分手作威胁，这样不仅不能解决问题，对对方也有失公平，更不要用离婚吓唬或动摇对方。最能给婚姻带来伤害的，莫过于你向对方传达出的对婚姻不够坚定的态度。

如果你发现自己是在很严肃地考虑分手或离婚一事，即便心情很矛盾，也要与对方坦诚交流。离婚或分手是很严肃的话题，最好在双方都足够冷静的情境下讨论，它不应该是在气头上随口说出来的一句话。

学会用长远的目光看待婚姻关系，坚信两人能够携手度过生命中的艰难时刻，这一点至关重要。如果你时常把离婚或分手挂在嘴边，那它早晚有一天会变成现实。

定律52 你可以偶尔失去理智

有些时候，如果你在伴侣面前毫不掩饰地把伤痛与愤怒宣泄出来，反而会突破他的心理防线，进而触动他的内心。但要补充很重要的一点：这不是指蓄意的情绪爆发，而是在自己都没有料到的情况下才可以。这并不是个需要练习的定律。

我的一位来访者凯西，发现丈夫和他带的研究生陷入了婚外情。出于直觉，她点开了丈夫邮箱中的"已删除"文件夹，在那里看到了她丈夫和那个研究生充满挑逗与情欲色彩的来往邮件，其中有一封是丈夫写给对方的："周一那天你离开我办公室的时候，我不敢去抱你，因为我害怕会控制不住自己。"这样看来，他们似乎还没有发展到上床那一步。

凯西直接和丈夫摊了牌，随后两个人就这件事进行了无数次的谈话。她对他动之以情、晓之以理，并将她对邮件内容的感受悉数表达了出来。她明确指出了希望丈夫如何做选择，也让他清楚地看到，如果再不停止这场婚外情，他付出的代价将会有多大。总之，能说的她都说了。

凯西说自己是一位心理治疗师，这从她的谈话中也可以听得出来。她冷静地表明自己的立场，用"我"语言交流，减少情绪波动，以保证对方能够准确接收并理解她传达的信息。她知道这些很重要。但问题是，凯西几乎总是这样说话，她生来就是一个低调的人，说起话来一板一眼。她妹妹有时嘲弄她为

"单音符凯西"。

有天晚上,就在卧室里,凯西毫无征兆地爆发了,她因为那个研究生的问题对丈夫嘶吼起来。"是那种让我的嗓子感到生疼的吼叫,"凯西告诉我,"我当时都害怕自己也许从此就要失声了。"等吼叫了大概一分钟之后,她把自己关在了卧室的衣橱里,控制不住地呜咽起来,丝毫不理会在外面苦苦恳求她出来的丈夫。

这个小插曲最终促使这场谈话达到了先前两个人的所有谈话都没有达到的沟通效果——凯西猝不及防的情绪反应意外地实现了她用冷静的"我"语言以及"好好沟通"原则都从未实现的表达效果。用凯西的话说,"失去理智"有时是有好处的,因为或许这能一针见血地解决问题。

我并不是建议你蓄意"失去理智"。在婚姻的前 40 个年头里,我大概有 3 次这样失去理智过。当然,3 次都不是有意为之的。但是,任何良好沟通准则都会有例外,当"失去理智"的举动很突兀地打破了你们一贯的争吵模式并且不会对你的伴侣造成伤害时,那一时意料之外的真情流露也许会更深层地触动对方的心。

> 真情流露也许会更深层地触动对方的心。

定律53　当心婚姻里的四位毁灭者

当夫妻陷入了争吵与负面情绪之中时，我常会给他们讲起约翰·高特曼（John Gottman）关于"天启四骑士"的研究。这四位骑士代表着四种可以破坏并最终毁灭婚姻的态度与行为。当然，我们也会在最美好的婚姻关系中发现这些邪恶骑士的身影。

所以，不妨多琢磨琢磨下文中高特曼对四位毁灭者的简短总结。掌握这四位毁灭者的特征可以让你预先知道是否想留一位在家里做客或者杀死全部的毁灭者，建立更加幸福的婚姻。

第一位毁灭者：评判

评判是对伴侣某个特点或个性进行攻击。它与建设性抱怨的不同在于，后者是站在协作者的角度用"我"语言表达对伴侣的具体要求。评判的声音会说："我没见过比你还懒的人！"

第二位毁灭者：蔑视

蔑视的表达形式有很多，包括指责、嘲讽、翻白眼、嘲弄、挖苦等一切使对方心情低落的讨人厌甚至卑鄙的做法。举个例子，当她抱怨他错过饭点时，他不耐烦地回道："那你还想怎么样，去法院告我吗？"

第三位毁灭者：防御心理

拥有防御心理的人会说："我没问题，你才有问题。"面对抱怨时，防御型的伴侣会去争辩，挑对方的毛病，反击对方，并把自己放到道德的制高点上。

第四位毁灭者：树立石墙

当婚姻中的一方表现出无视另一方或者对两个人的婚姻漠不关心时，石墙就出现了。"筑墙"的一方会不厌其烦地与配偶对着干。他像一堵墙一样无动于衷地坐着，或是离开两个人共处的房间，对配偶说什么、做什么都不关心。高特曼称，人们树立石墙的目的是保护自己免受他人情绪的伤害，而且男性树立石墙的倾向要高于女性。

高特曼称，若一对夫妻修复关系的尝试取得了进展，在交流或互动过程中积极与消极的内容达到了 5∶1 的比例（见定律 4），那四位毁灭者的伎俩也就不攻自破了。尽管如此，防患于未然仍是永远的万全之策：当这几个无赖敲门时，千万别让他们进来。

第六章
你的性生活你做主

我曾看过一部卡通片：有两只小鸟停落在一根树枝上，其中一只对另一只说："说真的，我觉得我飞不了我想象中的那么久。"

可怜的小家伙！飞行对鸟类来说是一个正常现象，但这只小鸟却在心里认定自己飞行能力不及格！也许是因为它刚买了一本新上架的畅销书籍，书名叫《飞了七天七夜的鸟》，当与书中的鸟儿比较时看到了自己的诸多不足，内心受到了严重的打击。而在这么一本提升鸟类飞行技能的书籍里，可能到处都是"研究显示"、"脑科学证明"、"本性使然"或"上帝希望"等词语。一只平凡的小鸟怎么敢质疑权威？所以它认为一定是自己出了问题。

我在咨询过程中接待的客户所面对的问题几乎和这只小鸟所面对的问题如出一辙，他们认为自己有毛病或者是婚姻出现了问题，因为他们的性生活不如自己想象中的那么和谐。他们不是在为性生活的频率感到焦虑，就是在担忧自己的表现或"尺寸问题"，担心自己是不是缺少欲望或吸引力，或者为什么很多个晚上自己宁愿让伴侣给自己来个脚底按摩也不愿"实战"。

当然了，人类的性远不如飞行之于鸟类那般自然、正常或容易。我们自孩童时期开始，在成长的道路上会碰到无数给自己的真实欲望造成阻碍的影响因素，这些因素无疑还让我们对性欲有了几许焦虑、害怕、羞耻与困惑。事实上，我们的性生活如同自己的指纹般具有唯一性，每个人都必须探寻其在自己生命周期里所呈现出的意义。

人们总是羞于或害怕向他人展示自己的身体，这对婚姻关系会是一个极大的挑战。即便结合的两个人可以满足彼此对安全感的需求，但能和那个在你枕边睡了一年又一年的人拥有"美好的性生活"却绝非易事。市面上有无数的书籍与产品都在争相保证可以唤醒你对性生活的激情，但当你尝试后却毫无成效的时候，你感受到的是比以往更多的忧虑与挫败感。而若此时把那个依恋—疏离的双人舞跳到卧室，呈现出的是一个更令人痛苦的僵局：依恋的一方渴求性生活，而疏离的一方却对此兴致索然，最终发展成两人一到睡觉时间就心怀不安的境地。

我希望下文中的定律能帮读者认识到性爱对幸福婚姻的价值，尤其是对那些在头脑中已经对其形成刻板认知的人，这些定律还能帮他们改变单调乏味的床笫习惯。如果在阅读时某部分内容让你产生"低落"之感，请忽略跳过。因为要论对自己身体的了解以及自己想要如何与伴侣分享它，只有你自己才拥有第一发言权。

定律 54　没有所谓的"前戏"

"前戏"一词本身就有问题，所以请直接把它从你的性爱词典里删掉吧。因为它表达的意思是，除了做爱和高潮，你做的其他一切都不是"正事"，而只是为办正事做的准备工作。

那这件正事究竟该由谁来定义呢？性学专家马蒂·克莱因（Marty Klein）举过一个很形象的例子：假设你和伴侣去一家很

不错的餐厅约会，而这家餐厅的饭后甜点尤为出名。你们俩都非常喜欢端上来的开胃菜，沙拉很美味，主菜更是让人赞不绝口。但是当你们满怀期待地要点甜点的时候，服务员却说很遗憾，甜点卖完了。你们看向彼此，眼里尽是失望、受伤，还有一种深深的挫败感。你们原本以为你们很喜欢这里的食物，也很享受这段彼此陪伴的时光，但是此刻你们却感觉自己的就餐体验糟透了，于是你们情绪低落地回了家。看到了吗？正如克莱因所说的，人们就是依据最后发生（或没发生）的事来评价他们的性爱体验的。

性爱调查有一个常见的问题，即如果不考虑肢体亲密与性快感同时兼具的情况，夫妻"实战"的频率如何。有些人很容易在做爱时达到高潮，但是做爱方式却很机械麻木，而有些人可能很少体验到高潮，或者不喜欢做爱，但却喜欢和伴侣亲密，体验性快感或肢体上的亲近感。他们或许更喜欢亲吻、依偎、搂抱，或者在床上像麻花一样扭在一起，享受一种充满爱意与乐趣的性爱连接，而不是把焦点放在做爱或高潮上面。正如我一位婚姻幸福的朋友说的那样："如果我去纠结只有获得高潮才叫性爱，那我就没有性生活了。没有高潮丝毫阻挡不了我们获得美妙的性爱体验。"

婚姻中的双方永远都可以与对方建立一种强烈的性爱连接，哪怕是他无法勃起，她体验不到高潮，或者一方或双方都患病或出现了性功能障碍。不妨学会灵活轻松地看待"做爱"一事，不要随意接受其他任何人对真正的性爱或完美性爱的定义。

定律 55　勇于尝试

性爱作家苏西·布莱特（Susie Bright）注意到，很多成年人对待自己毫不了解的性技巧表现得太孩子气，他们的反应像极了在两个小孩面前端上了一盘从没见过的蔬菜：

"真让人没胃口！"

"可是亲爱的，你连尝都还没尝呢。"

"我不管，我就是不喜欢！"

去做自己排斥的事情可不是一个好主意，但同时，你确实可以强迫自己去尝试一下，尤其当你面对的是一个体贴又足够宽容的伴侣时。

伊丽莎白是我的一位来访者，一直以来她都无法接受口交这种性爱方式。因为对口交厌恶至极，所以她严禁它出现在自己的性生活里。这或许并不是什么大事，甚至对一些男人来说也是一种解脱，但这对她丈夫的性生活以及她所渴望的亲密感而言，却有着难以言喻的重要性。他不厌其烦地告诉妻子，她的拒绝与抵触给了他很大的缺失感。他总是说起这些，内心的失落也是可以理解的。但伊丽莎白从没想过，她也有责任和丈夫好好沟通一下此事，承认这对丈夫的确有些残酷。过了几年，两个人都没有再谈起此事。

有一天夜里，伊丽莎白做了一个很逼真的梦：一个陌生女人在给丈夫口交，他还在梦里告诉那个女人这对他有多么重要。

"当我醒来后,脑子里的一些想法发生了变化,"伊丽莎白告诉我,"我深深地体会到一种悲哀,我认为是自己一直在把这个铁律强加给丈夫的。"然后她又补充道:"因为这是我的梦,也许我就是梦里的那个女人。或许我至少可以试着成为那个女人。"

起初,伊丽莎白必须得强迫自己才能口交,因为她实在是喜欢不起来。然而,令她惊奇的是,她竟然慢慢地接受了,再后来,她居然对此很享受。她丈夫对此则既高兴又感激。渐渐地,他们对性爱一事都变得更加勇于尝试和创新。

不要等到你也做了一个可能让你转变的梦,才想到要试着实践头脑里那些看似不可能实践的想法。

"不要强迫自己去做你并不想做的性事。"

"为了自己和伴侣,试着去尝试你认为自己并不想做的性事。"

没有专家能告诉你在某天该听从以上哪一个想法,但是若能带着好奇与希望把它们都记在心里,你最终会从中受益。

> 不妨强迫自己去尝试一下,尤其当你面对的是一个体贴又足够宽容的伴侣时。

定律56 给你的性幻想冠上"正常"二字

无论你和伴侣在做爱时的性幻想是什么,请认为那都是正常的。已婚人士更喜欢借助"只要管用的方式"帮助自己唤起性欲或达到高潮。和伴侣手挽手行走在月色倾泻的沙滩上——我相信没有人会在这样的幻想中达到高潮。你的伴侣也许是你最好的朋友，你爱他胜过爱其他任何人，但这并不代表对方须是你在唤起性欲或将达到高潮时的幻想对象。

做爱的过程需要两个人参与，但是获得高潮只需要一个对自己负全责的人。在现实生活中，有些人不需要性幻想就能进入状态，有一些人喜欢边做边和对方分享自己的幻想画面，还有一些人喜欢幻想自然界或外太空，在天马行空的想象中达到高潮。

你的幻想也许和自己在现实生活中想要的毫不相干。为了引导自己达到高潮，你或许在幻想着你的牙科医生把你绑在椅子上要强暴你。但如果这个场景真的应验到你身上了，你还是赶快呼救逃命要紧。同样，你的性幻想也无法衡量你有多爱自己的伴侣，它们只是从大脑的无意识区域进化而来，丝毫不影响你作为成年人去爱与亲密的能力。性幻想并不代表你对伴侣不忠或者说明你是一个怪胎，幻想就只是幻想罢了。

定律57　不要评判你的性欲

把自己和他人进行比较并得出自己不如他人的结论，这或许是人类自寻烦恼的最常见方式。对待性，不妨像对待你今后生命中的每一天一样，最好停止比较，或者更确切地说，不要带着情绪去比较。事实上，人们在性爱中体验到的舒适与刺激千差万别，就像他们对谈话、音乐、友情或园艺的喜爱程度也各有不同，但是这又如何呢？

尤其对女性而言，当大脑在蜜月期产生的化学物质逐渐消退后，她们会需要更多的时间与精力去达到兴奋和高潮。正如婚姻专家派特·洛夫（Pat Love）描述的那样（针对睾丸激素水平较低的女性）：首先你必须再三集中精力，直到你找到适合自己的性幻想对象。当然了，天花板上的一个小黑点会让你想那是不是一块水印，或者突然想起没有洗的脏衣服，你会开始纠结是不是应该把那条亚麻裤子也放到洗衣机里一起洗。所有这些都可能会导致你分心，然后你不得不重新来过，直到最后的最后，你达到了高潮。

如果你在经受性欲衰减的困扰，我并不想阻止你寻求专业的帮助。事实上，有些情况的确很难让人带着放松的心态投入性生活。如果你不幸遭遇过性虐待的话，那就有必要花钱去为自己寻找一位好的治疗师。如果你在服用一些影响性欲的药物，那不妨用其他有相同治疗效果却不会降低性欲的药物代替。此外，你的性吸引力也会随着时间而变化，比如当你在家和孩子在一起时，你的性吸引力也许会暗淡下去，而在他们上学后你回到工作岗位上时，性吸引力又得以恢复。不要拿你当前的欲望水平和你第一次与伴侣在一起时相比。生物人类学家海伦·费舍尔（Helen Fisher）提醒我们，人类体内负责激情和浪漫的荷尔蒙分泌周期很短，最多也就持续几年的时间。

尽管某些会抑制性反应的身体状况可以在专业的泌尿科医生或妇科医生那里得到解决，但这也导致了"没有性欲"总是被草草归为医学上的问题——性障碍、综合征或性功能失调等等，其目的就是治疗你。要提防这类狭义的医疗模式，因为性欲涉及一个人的内在情感过程，事实上它比简单说成受荷尔蒙影响、你的单方面因素或功能障碍复杂得多。我给出的最好的建议是，认识到你并没有任何问题，或者借用伊丽莎白·库伯勒–罗丝（Elisabeth Kubler–Ross）的话说就是："我有问题，你也有问题，那就没有问题。"

> "没有性欲"总是被草草归为医学上的问题——性障碍、综合征或性功能失调等等。

定律58 不要等到自己"性致勃勃"了再做爱

如果你想等到自己或两个人真正想做爱的时候才做，那你可能会等很久。我们对性的渴望很容易会在结婚后达到冰点，尤其是在女性有了孩子后。所以，在这之前你错过的次数越多，此后再想开始就会越困难。很多夫妻必须强迫自己才能重新开始性生活，但是一旦行动起来，他们便会乐在其中，并感到和对方的关系更进了一步，尤其当他们能够抛开一切压力，无论是自身的还是来自伴侣的压力,并能抱着一种"放松自己,看看究竟会发生什么"的心态时。

强迫自己偶尔过性生活,特别是在你们有了孩子后,这可以有效防止你的性欲枯竭。每对夫妻中通常至少会有一方对性事感受不到那种"原始的冲动",但当其真正尝试去做时,可能又会进入状态。不过,即便自己没有达到高潮,我们仍然可以为了伴侣的愉悦而为其助兴,放松享受肢体的亲密。

定律59 增强你承担家务的意识

如果你想和妻子体验床笫之乐,可以试试这个性爱小技巧:分担家务。如果你做不到,那你们的性生活必然会受到阻碍。一方面,因为你的伴侣劳累不堪,无心去做爱;另一方面,她也许对自己的不公平境遇心怀怨恨——即便她自己不愿承认存在这个因素,毕竟她被"女人应该把家打理好"的传统观念束缚着。

家庭治疗师玛丽安·阿尔特-瑞秋(Marianne Ault-Riche)曾做过一次演讲,大致内容是她如何一步步做到让丈夫"爱上"洗衣服的:"……他不是因为我说了他才去把衣服放到洗衣机里的。我要让他能想起洗衣服,心里惦记着这整件事:洗好的衣服是不是还在洗衣机里堆着等发霉?是不是把衬衫也放到干衣机里,等拿出来会不会都皱皱巴巴的了?"

玛丽安讲过一个笑话,说有个男人急着想让妻子达到高潮,于是就想让她讲讲平时的性幻想是什么。这位妻子想了一会儿说："我想在一个玩具摆放整齐、衣服也都叠放好了的房间里做次爱。""太好了！"不料丈夫竟如此回答道，"那我们去隔壁邻居家吧。"若伴侣在话语间表示家庭内部存在分工不公现象，那么你绝对需要重视这个问题，因为当这个问题得不到妥善解决时，它就会成为一件痛苦又严重的事情。

那么，恩爱又平等的伴侣关系就能确保她会想和你做爱了吗？不一定。性有它自己的思维，伴侣拥有幸福的婚姻关系并不能保证他们会有完美的性爱，但是差劲的婚姻关系绝对会带来糟糕的性爱。如果你是一个吝啬或不够公正的伴侣，那你的性生活必然会很不愉快。要知道，一个疲惫不堪同时还心怀愤懑的伴侣是不愿意取悦你的。

定律 60 女人要告诉伴侣自己想要什么，男人则要试着减少抵触情绪

学着在性生活中表达自己的需求，即便你们的对话可能变得有些艰难和令人痛苦。即使他再三犯同样的"错误"，也要对他有耐心，就像你希望探戈舞教练或外语老师对自己多些耐心和宽容一样。有些人仿佛一生下来就懂得怎么跳舞，知道如何学习某种语言或者深谙伴侣的性节奏和欲望，但这样的人少之又少，绝大部分人都需要靠后天努力而习得。

女人们可能会认为她们如今有权表达自己的真实欲望，但是经常到头来还是觉得早点了结更省事些："是，我会假装高潮，因为如果我不这样做的话，他体验到的快感就会打折扣。"或者她们感觉自己的伴侣是块榆木疙瘩："他做什么都让人感觉不是那么回事儿，可他也不改改。"又或者他的防御心太强，说不上几句就说崩了："他偏认为我是在说他不好，最后我们以争吵结束。"

如果你面对的是一个很成熟的性伴侣，他会乐意听取你的指导："上面一点，下面一些，再用力点，就那样不要停。"这就像你告诉他怎么给你的后背搔痒痒一个道理。这当然是理想状态，你也不太可能会碰到这样的伴侣，因为人类大多在内心对他们的性表现很敏感，极易感情用事地看待伴侣的反应。

有时，你也可能需要通过演示的方式来表达自己的需求，而不是口头表述。有一位来访者一遍遍地告诉她丈夫，抚摸她时"多用点心"，亲吻时要"有感觉些"，不要像例行公事一样。起初，两人难免会闹得很不愉快，她的丈夫感到很受伤，她也因为丈夫先是似乎"一点即通"，不到一周又故态复萌的表现恼怒不已。后来她以身示范，一遍又一遍，几个月后，丈夫终于茅塞顿开。当一方要求另一方改变时，双方都需要保持耐心、宽容，因为一个人改掉自己的习惯绝非易事。

当你快到高潮的时候，或许向伴侣表达进一步的需求会有所顾虑，尤其是你在头脑里找不到合适的词去表达时。如果你没有达到高潮，不妨试着有创意且恰当地向伴侣表达自己的需求，这个经历对你会非常重要。你永远是自己最好的向导，所以勇敢地去告诉对方你想让他怎么做,哪怕很难说出口,或者你认为别的女人才不会自己提这样的要求。"等你达到高潮后,我想触摸自己这里,我还想让你拿着震动棒这样使用。"此时不要去在意他是否愿意那样去做,要知道,并不是所有的性爱都是或者应该是夫妻相互亲密的时刻,利他的性互动自有它的益处。当一种新的体验方式给你带来的愉悦显而易见时,你的伴侣或许也会慢慢开始理解它的益处。

> 并不是所有的性爱都是或者应该是夫妻相互亲密的时刻。

定律61　看清在床上跳的依恋—疏离双人舞

当依恋—疏离双人舞翩然来到性生活中时,你很容易辨认出你在其中扮演的角色:如果你总是提出性要求,并多以感到被拒绝收场,那你就是依恋的一方;若你对性事不感兴趣,同时觉得自己不会为伴侣做出改变,那你就是疏离的一方。男人通常是(但并非总是)性事中的依恋者,而女人通常是(但也并非总是)沟通中的依恋者。

在以前,一些婚姻咨询师是教人如何打破"他不愿意和我沟通"或"她不愿意和我做爱"这个僵局的呢?他们提供的解决方法是:妻子拿着票券和自己的丈夫兑换20分钟的交流时间,等丈夫这边也积累到一定量的票券后,他就可以和妻子做一次爱。就这样,她的谈话需求获得了满足,他的性爱需求也得到了满足,双方也就相安无事了。真是谢天谢地,幸好这种所谓的"治疗方案"早已废弃不用。

当依恋方与疏离方无法接纳彼此时,入夜睡觉就成了两个人的麻烦事,而床自然也成了凝聚紧张与痛苦之地。依恋方会因为连续遭拒而倍感心冷,疏离方则变得连抱一抱对方、感受一下身体上的温存的勇气也没有了,因为这个举动有可能让对方"误解"成求爱,随之只会引发一些雪上加霜的问题。即便两人下了床也照样如此,生活更不可能过得平顺祥和,烦躁易怒的情绪空前高涨。

如果婚姻中是两个都"要"或都"不要"的伴侣,显然什么事也都没有了。但是从另一方面看,一个"要"与一个"不要"的伴侣组合既然如此普遍,那你们不妨将其视为正常状态,但这并不意味着这种状态对你们的关系有利。如果你和伴侣中有一方在遭受依恋—疏离模式的痛苦,你就要明白,继续这些做只会给你们带来更多的痛苦。认识到需要改变是减轻痛苦很重要的第一步。

定律62 依恋者别再依恋,疏离者别再疏离

世上只有一种方法能够打破这个死循环:依恋者必须停止追求性事,疏离者必须停止疏离。

如果你是那个依恋者

你真的需要"醒悟过来":如果你继续费尽心思地要求伴侣和你过性生活,那么你永远都不可能如愿以偿,只会继续遭拒,而后周而复始地感到心冷、愤怒。因此,你必须停止追求。你还要迎接的更大一个挑战是,将你所有的愤怒、伤痛与挫败感统统打包放下,也不要妄图用愤怒来表达自己的诉求。愤怒是依恋的另一种方式,它同样无法有效改变你们的现状。

你该如何打破这个死循环呢?选择一个不在床上、你和伴侣之间也没有什么矛盾的时刻,告诉伴侣你想和她谈谈你们的性生活。温和地告诉她,你很希望她不要再把你们的床当成一个彼此挣扎与互相伤害的地方,同时让她知道你不会再千方百计地要求过性生活:"我希望你可以主动些,因为我不敢想象无性的生活是怎样的。但我不会强迫你,因为这样做对我们两个人都没什么好处。如果你想要拥抱、亲吻或者背部按摩,随时都可以告诉我,我保证除了做这些之外什么都不做。你从现在起也不要对此事感到有压力了。"保持谈话内容轻松简洁。

接下来你需要做的是履行你说过的话。上床睡觉时让她感受到你的放松与友好,而不是怒气冲冲。如果她想让你抱抱她或按摩背部,爽快地答应她,同时强迫自己不要有进一步的动作。此时不要去在意她是否有性欲,是否享受你的拥抱或按摩。试着感激你们此刻的亲密接触。永远不要要求对方享受性爱或达到高潮,那只会让她假装如此。男人经常会说"我希望她能主动一些"，这种说法只会带来更强烈的被拒感受。试着放下这个想法，过度在意或关注对方是否愉悦对婚姻无益。

过了一段时间后，如果她依然没有什么变化，那么就围绕上面的话题继续和她沟通，但是时间不要选在夜里，更不要选择在卧室里谈。沟通的内容要让她知道你没有丝毫要提过性生活的意思，你只是要表达自己内心的孤独与沮丧，并询问她如何解决这个问题。认真地听她讲，不要带着任何抵触心理。对话越短越好，因为疏离者往往害怕听到长篇大论。如果你的伴侣还是没有任何动作，那就每月都提一次这件事。最后一点，你要保证自己在其他所有方面都做到了公平与大度。

如果你是那个疏离者

即便你不喜欢，也要试着偶尔和伴侣过性生活。你的伴侣不可能生活在一场无性婚姻里，特别是当性对他而言有着激发生命活力、与你建立亲密连接的意义时。在心里告诉自己，你不会因为性欲寡淡而拒绝性生活，就像他不会因为不善言谈而拒绝交流一样。不要让这两种问题影响你们的婚姻。在性方面，也许还有一些不太难的事情可以尝试去做。

如果你不想过性生活的原因是还未抚平伴侣背叛婚姻或你们俩感情破裂带给你的伤痛，抑或他一直以来都对你做不到公平与尊重，那么你显然需要先和他解决这些问题。我永远不会鼓励你去和一个贬低你或不尊重你的人做爱。但此处有一个潜在的僵局：当他诚心要改正自己的错误时，疏离者却只有这种原谅对方的心态——"除非让我相信他不会再犯同样的错误,否则我不会和他过性生活。"如果你的伴侣品行良好,并且也在诚心诚意地弥补伤害,不妨在这个疗愈关系、建立情感连接与恢复信任的过程中,在身体上也试着与伴侣亲近起来,而不要将性生活当作自己要求伴侣永远"听话"的筹码。

我知道这条定律要较本书中其他任何一条定律更容易让夫妻双方均觉得"难以实现"。如果你真的认为,在今后几年或几十年的时间里,你们可以只保持柏拉图式的爱情,那你可以忽略这条定律。但如果你心里很清楚,你们的关系需要性生活加以维护,希望你不要错过这些内容,勇敢尝试并发现它们的好处。

> 如果你继续费尽心思地要求伴侣和你过性生活,那么你永远都不可能如愿以偿。

定律 63　永远不要坚信伴侣和自己情比金坚

在结婚当天,新人们通常会立下誓言,以示对其他所有人断了念想,又因为这个誓言太难恪守了,所以需要众人共同见证。人类并非"天性"一夫一妻制的动物:自然界有十几种哺乳动物要远比我们人类更忠于一夫一妻制,其中包括狼与长臂猿。

我们往往希望既能从一个长期伴侣那里获得安全感，又渴望从新欢那里体验刺激。

人们对婚姻关系存在的一个谬论是，只要让伴侣信誓旦旦地说出会成为世界上最好的爱人与最美好的人这句话，就可以保证他会一心一意地一生都忠于你一人。然而，在纯粹身体吸引这个范畴内，长期伴侣与新欢的取舍并不难。这么说吧，婚外恋让大脑的化学成分发生了变化，会产生一种令人痴迷的"嗨感"。从情欲上讲，这种感觉是婚姻给不了的。

人们对婚姻持有的另一个谬论是，出现婚外恋的"真正原因"是遇到了一个错误的配偶或者是婚姻不幸。性生活不够和谐或感情不够亲密的婚姻当然会更容易导致婚外恋的发生，但这不代表幸福的婚姻就一定不会发生婚外恋。

引发婚外恋的诱因有很多，很多人是在遭受重大变故后，或者在早前某个变故的纪念日，比如一位妻子可能会在她即将到自己父亲突然死于心脏病的年龄时发生婚外恋。此外，机会与工作环境是另外两大诱因。如果你的丈夫朝九晚五都是和清一色的男同胞在一起工作，他出轨的机会就会很少。如果他是一名大学教授，那他面对的女学生可能会成为你们的婚姻隐患，因为她们的所作所为会令你的丈夫感到自己是卓越的、被他人需要的，婚外恋的发生便也水到渠成。

相信伴侣和自己情比金坚带来的问题是，当你的伴侣说"亲爱的，除了你，谁也吸引不了我"这类话时，你就真的觉得万事大吉了，你会对婚姻中的真正威胁变得毫无意识，甚至无视你的伴侣是一个有性欲的生物体,即便结婚也并不能阻挡外界诱惑这个简单的事实。而且矛盾的是,越是假装婚姻稳定可靠的夫妻,到最后越容易发生婚外恋事件。因为这种假装会阻碍彼此进行真挚的沟通,极大地减少两个人解决问题的动机,并产生更多的谎言。

定律 64　设定界限

当你感受到了来自伴侣的婚外恋的威胁,你可以开门见山地说出来。你虽然阻挡不了他可能对其他人动心思,也阻止不了他可能对你不忠,但这不意味着你就得忍气吞声,对潜在的威胁视而不见,或者任由伴侣和那个可能破坏你们婚姻关系的人往来,却什么都不做。

在我个人的婚姻里,针对"婚外恋"的潜规则也在随着我们两个人的年龄以及人生阶段的变化而几经更改。当我们尚是二十来岁的情侣时,我总是毫不迟疑地鼓励斯蒂夫多出去走走,或者和他的异性朋友一起看看电影。一是因为我坚信不会出现什么问题——他的品行让我很放心,再就是我认为不能为了爱情而牺牲彼此的其他关系。几十年过去了,我们的想法和以前相比也有了非常大的改变:我们两个人谁都不是偏执狂,也不会向对方否认存在外界诱惑的事实,但在我们婚姻长河里的几个关键时刻,我们还是毅然决然地对自己或对方的婚外"友谊"

说了"不"。因为我们能够感觉到这将会破坏我们几十年的婚姻，即便另一方会有把握地予以否认。

生活中有很多夫妻对婚外诱惑秉承着"不要问，不会讲"的相处方针，有些夫妻则选择"开放式婚姻"，只是会制定一些规则，比如不与同一个人上两次床、不和两个人共同的朋友上床等。没有专家能保证什么样的边界对一对夫妇来说最合适。如果你们彼此对婚姻的承诺是忠心不二（我当然希望真的如此），那么当你感受到了威胁，一定要勇敢地说出来。当你的直觉告诉你，你的伴侣经不起诱惑时，不要害怕，要勇于为婚外的某份关系设定界限。

定律 65 知道何时紧掩大门

如果你承诺要做一个忠贞的伴侣，不妨试着在头脑中围绕着你的自我／性自我画一扇圆形大门，最后想象一下，为了保持忠诚并在婚姻的席位上不缺席，你会让那扇门开合到什么程度。

我曾与一对夫妇在一起共事，两人都将近而立之年，并立誓会百分百对婚姻一心一意。丈夫画下的那扇门呈一种虚掩状态，因为他喜欢和接触到的女性随意调情，讲一些情色话题，同时他拥有较高的性能量，这为他本人带来了活力与吸引力。但他从未认真对待过这些桃色经历，或者说进一步深化与那些异性的关系，而只是享受性能量给自身赋予的个人魅力。

他的妻子则完全相反，虽然她的性欲低得多，但却极易出现精神出轨。即便不会发生婚外情，由于心旌荡漾，她开始变得难以自拔，对自己的婚姻也变得心不在焉起来，在生活上与丈夫越走越远。同时，她又对婚姻拥有强烈的宗教道德信念，所以当自己陷入这样一份迷情时，她坦言自己无力挣脱。精神出轨即使没有发展到实质性的身体出轨，同一时经不起诱惑最终上了床一样，都会对婚姻造成严重的伤害。

当这对夫妇讨论浪漫与性吸引力时，答案很明显，妻子一方需要把自己那扇门牢牢合上。正如丈夫潜在的身体出轨一样，她在精神上的出轨同样也会对婚姻造成威胁。而对她的丈夫而言，在没有把调情发展到不可收拾的地步之前，他需要尽快把自己的情感大门彻底关上。

清楚要将自己的情感之门开合到什么程度，并对自己及伴侣做到真诚相待，是在婚姻中保持忠贞的好办法。然而困难在于，那些外界诱惑只是单纯地给你带来快乐并调剂生活，还是说它们可能会破坏你们的婚姻。请擦亮眼睛善加区分。

清楚要将自己的情感之门开合到什么程度是保持忠贞的好办法。

定律66　不要让伴侣的婚外情搅了大局

恐怕没有什么比你发现那个声称会忠诚的伴侣有过或有了婚外情更让你觉得五雷轰顶的了。你的伴侣欺骗了你的事实为这场难堪的背叛增添了难言之痛。如果婚外情还在持续，那么，对受到伤害的一方而言，愤怒、沮丧、疯狂、错乱、失去理智地刨根问底并坚信一切都回不去了，这些都是正常的反应。但是，就算是婚外情让你感觉世界末日来临，也不要毫无意识地乱了分寸，任由它搅了大局。如果你和伴侣有深厚的感情基础，尤其是你们还有孩子，那就不要轻易离婚，夫妻二人应倾尽全力去愈合伤疤，努力走出伤痛。

要记住，婚外情并不是只会发生在不幸的婚姻里，也会发生在那些美满的婚姻里。我见过很多夫妻在外遇事件发生后成功疗愈了受伤的感情。只要双方能做到坦诚相待，他们甚至可以借由这件事增进交流与亲密感。为了实现这个积极的结果，双方都需要做出承诺，说真心话，承诺此类事绝不会再发生，并肩走上那条疗愈与重建信任的漫漫崎岖之路。

如果你是那个不忠的伴侣，不妨听听写了《走出外遇风暴》（After the Affair）一书的心理学家珍妮丝·亚伯拉罕·史普林（Janis Abrahms Spring）给出的良心建议：永远都不要鼓励你的伴侣直接"翻过这一页"，而是去听一听她内心的苦痛，并接受它们；不要在恐惧中等着她旧事重提，你可以主动打开话题，让她知道你会继续反思这件事；告诉她你不会让她独自一人承担这份伤痛；全神贯注地听她宣泄自己的愤怒与悲伤，无论她会持续多久，即使你感觉她会永远如此。史普林博士强调：如果你想让伴侣放下她的伤痛，那你就得扛起她的伤痛。

如果你是受到伤害的一方，不妨考虑在签字离婚前接受婚姻咨询，或者强迫自己原谅对方：给伴侣一次补救婚姻、赢回你信任的机会，也给自己和你们的婚姻一次疗愈、成长的机会。毫无疑问，这会是一项缓慢而艰巨的工作，但是如果你们双方都能全身心地疗愈，其结果也定不会枉费你们的所有努力。

第七章
父母相爱是送给孩子最好的礼物

没有人能准确告诉你在有了孩子后，你的婚姻会发生多少变化。与其说是孩子改变了你们的婚姻，倒不如说"那时你们拥有的不再只是两个人的婚姻，而是一段全新生活方式下的全新婚姻"。在你没有孩子之前，你根本想象不出孩子会如何改变生活中的一切。

有很多父母称，孩子的出生加深了他们之间的感情。的确，特别是为人父母者善于向孩子表达关爱，夫妻之间懂得相互包容与扶持时，更会如此——宇宙将公正地赐给他们资源与好运。然而，无论从两个人变成三个人是一件多么幸福的事情，实际上，新生儿的到来给婚姻关系带来的压力都是不同寻常的。在那个儿子成了父亲、女儿成了母亲、父母成了（外）祖父母的神奇时刻，家人之间的关系发生了重大的调整。

尽管你们坚决表示会一如往常地关注和经营自己的婚姻，不会让育儿过程中出现的问题破坏你们的关系，即便你们很欢迎这个新生命的到来，但现实仍然比你们想象的复杂得多。多一个孩子，尤其是头胎，绝对会给你们的婚姻带来非同寻常的改变。而无论这个改变有多正面，都会让婚姻中的两个人产生焦虑以及大量其他情绪反应。当情绪积压过多时，初为父母的两个人都会感到被对方疏离或者双方分歧很大，但谁也不想为之发生争吵。

在抚养孩子的每个阶段，包括婴幼儿期、学前期、学龄期、青少年期、孩子长大离家的空巢期还有孩子成年后回家或者未曾离开家的阶段，孩子都会以不同的方式挑战你们的夫妻关系，就如同一个孩子要面对那些不能预料的来自精神上或身体上的诸多挑战。此外，夫妻双方在童年时期经历的所有痛苦所引发的问题会悉数显现出来，随后两个人便会感到身心疲惫。

我当然不愿意说一些孩子对婚姻有什么负面影响的话。实际上，我建议你忽略所有以"没有孩子，夫妻生活会更美满"作为总结或主旨的文章。这些文章并没有告诉你，一个孩子如何会为你的婚姻平衡快乐与痛苦，以及又会如何影响你的婚姻关系的。但如果你把个人的"幸福指数"全压在了生养孩子这件事情上，就完全偏离了婚姻的本质。

下文中的定律会带你从一个创造性的角度看待有了孩子后的婚姻关系。再婚家庭会有所不同，有关它的更多内容会在第九章讲到。但这两种婚姻的相似之处在于，我们都会反复体验那种从身处天堂到倍感压力与"崩溃抓狂"的过程。从那个由两个人变成三个人（或更多人）的神奇时刻开始，你会突然发现自己进入了一个完全陌生的领域。

定律 67　不要让孩子取代伴侣的位置

在面对一个新生命时，很多人会将整个身心都放在孩子身上，以至于让另一半感觉自己完全成了局外人。在家庭里感到被边缘化的一方通常是父亲，尤其是在母亲自己哺乳的情况下，而他对此的反应多是逃到工作中，而不是尝试着与妻子共同抚育孩子。他还可能会因妻子明显的性欲减退感觉被妻子推得很远，还要承受孩子给夫妻双方睡眠造成的严重干扰、孩子旺盛的精力及他无休止的需求所带来的压力。

如果你就是那位父亲，你也许并不会向他人坦承内心体会到的失落，哪怕是对自己。从古至今，男人都不被鼓励去承认或表达自己的脆弱，并且对很多男人来说，当身边每个人都在祝贺其当了爸爸的时候，他们却要坦白对一个婴儿的负面感受，这无论如何都让人接受不了。于是你干脆在心里将孩子判给"她一个人"，自己则为养家糊口埋头苦干起来，而你的妻子可能也相应地认为养儿育女是"她一个人"的事。

母亲和孩子的关系看起来像是共生体一样，这会让父亲像"局外人"一样处于艰难的家庭环境中。当然了，当孩子长大一些后，这个局外人可能又会慢慢变成局内人。但是，如果此刻妻子是那个照料孩子更多的一方，一定要让伴侣知道，他依然是被你重视、需要以及深爱的，就像你们尚未成为父母时那般。最后，即便你并无"性"致，也要开始过性生活，因为性爱是和伴侣重新建立亲密关系的重要途径。

定律68 "天生"的父母往后站，茫无头绪的父母走向前

男人们通常对我讲，他们的妻子仿佛都是"天生"的母亲，尤其在孩子偏小的时候。他们最典型的说法是："她就好像完全

可以理解孩子的需求,而我只有被动听从,她说什么是对的我就得接受那就是对的,她说要怎么做我就怎么做。"这预示着关系紧张的红灯亮起来了!

尽管有些人的确"天生是做父母的料"(尤其是他们从小和弟弟妹妹一起长大的话),但大多数人只有通过亲身体验,在持续的尝试与犯错过程中才能胜任这个角色。而且,当父母中的一方被戴上懂得照料小孩的高帽子后,另一方的表现往往会很差劲。要小心这种类似跷跷板的关系模式,越早改变越好,千万不要忽视。

爸爸们(或者较少在家陪伴孩子的一方)永远不要因为感觉自己被"排挤",就选择站得远远的,对有关孩子的一切决定及需要亲自参与的事全都置之不理。你越是觉得自己笨手笨脚不上路,就越需要和孩子一对一地开始练习。

不要感到气馁,要勤于练习喂奶、换尿布、安抚以及保证在每天结束时孩子还活蹦乱跳着,而不要在意自己多久才会得心应手地做这些事。同时,听从你自己的想法和"直觉",并勇于把它们表达出来。因为在面对诸如抚养孩子这样重要的事情时,若一方总是被动服从另一方的指示,对婚姻关系并没有好处。

妈妈们(或者在家里陪孩子时间较多的一方)要确保自己的伴侣有足够多的时间单独和孩子相处,期间不要监视、批评、指导或者给建议,除非伴侣主动请教。如果你瞥见他正手脚笨拙地给你们站都站不稳的孩子穿防风服,就赶快把视线移开。

人们在努力学习某项能力的过程中，如果发现自己在被注视，或者他人给予自己并未主动请求的帮助，往往会变得更加焦躁和手足无措。

不要让自己看起来像一位现场指导专家。你越是认为如果不留下一长串的详细说明，你就无法安心把孩子交给自己的伴侣，你就越需要充当"哑巴"，让伴侣自己成长。一定要去征求他对如何处理孩子某些状况的看法。如果你下意识地认为他说不到点子上，那就是你的错。总之，你开口问就对了。

你需要记住，养育孩子需要两个大人共同参与进来。如果两个人中只有一个人觉得自己是合格的父母，对你们的孩子不会有益处。当然了，新手父母在大多数时间里都会认为自己不适合做父母，因为有关这份职位的描述可以说是超越了人类的极限。那就把它看成"能力大小"的问题吧，学会在这个过程中支持彼此增强能力。

定律 69　除了培养孩子，也要滋养你们的婚姻

有了孩子后，你必须多关心自己的婚姻。这类建议相信你经常会在儿科医生办公室的杂志上看到，它们归纳起来也不过是简单的条条框框，但问题是你总会找到 10 个理由让自己充耳不闻。所以我在这里也为你列出了 3 个建议，同时附带了你会拒绝做的借口。

1. 寻找一位保姆。把孩子留给保姆照料,这会是迈出的具有建设性的一大步。一位好保姆需要精力与主动性,你到时会发现自己很缺这两样东西。接下来就是担心的问题了,虽然你怀疑自己做父母的能力这很正常,但是质疑保姆的能力简直就是梦魇般的经历,因为你并不在现场,看不到你不在场时所发生的一切,而你的孩子可能又太小,无法告诉你所有情况。

   就像作家安妮·拉莫特(Anne Lamott)描述的一样:你很想坐在屋外的摇椅上,像克莱皮特(Granny Clampett,一个早期很有名的荧幕形象)老奶奶那样把枪放在自己的双膝之上,随时准备着保护自己的孩子。但是的确没这个必要,因为生活就像是一匹在外面踱步的饿狼,目的就是让你抓狂。

   学会接受这种焦虑情绪,但不要让它阻挡你去寻找一位好保姆的决心,甚至是找两位保姆。很多夫妻会安排保姆定期在每周六晚上过来,或者交替着在某个工作日来,这样他们就可以在下班后和伴侣享受二人世界的晚餐时光。你需要记住的是,你越抗拒寻找一位合适的、值得信赖的保姆,越不愿意和孩子分开,后面就越难实现这一点。逃避只会促进恐惧的滋生。

2. 出去约会。等找到了保姆以后,接下来就是真正和伴侣出去约会了。我知道你有多想回避这个想法,首先，你会说太累了不想出去——你宁愿躺床上睡觉；其次，经济有点紧张，所以租一盘录像带，等孩子睡着了，两个人在家照样可以乐逍遥；最后，你可能也不想和伴侣出去，像你们还没孩子的时候那样玩。那不妨思考一下，除了谈论孩子，你们还会对彼此说什么？在还没孩子的时候，你们又会谈论些什么？

　　行动起来，不要问太多原因，偶尔去饭馆享受下美食，到影院里看一场电影，参加一场免费的文化活动或你们都喜爱的其他活动，这些事情对维护你们的婚姻关系很重要。在你们约会的过程中，不管你是否感觉沉闷乏味，还是最后两个人因为饭钱大费口舌，这些都没关系，因为这很正常。你需要做的只是克服内心的抗拒，把两个人的独处时间计划出来。如果你先说好了不谈有关养育孩子的任何话题以及家庭待办事项清单里的所有事，你也许都可以预见约会时会出现什么样的场面。那暂时就不要强迫自己去约会，但也最好不要等到孩子领到了大学入学通知书的那一天，你才意识到你和伴侣这么长时间以来都没有好好单独相处过。

3. 给伴侣留下独处的时间，没有你也没有孩子作陪。无论你们的孩子多大了，给彼此一段离开家庭生活的时间都非常重要。我知道你又要说自己一点儿都不想离开，因为家庭时间很重要，你都还没体验够。还是那句话,试试看。除了家庭,如果你们能支持彼此去做各自喜爱的事情,你就会发现你们的婚姻关系将会更幸福。此外,如果孩子有机会和你们中的任何一个单独相处,他们和你们的关系也会更紧密。

那要如何保留自己有限的精力去陪伴彼此呢?最后你可能还想补充这个问题。让孩子早上床睡觉一小时就会有大不同,不要埋首于自己喜爱的科技产品中,或者让孩子顶着学业压力参加太多的课外活动。这都是好办法。找人替你做房子里的清洁工作,哪怕是一个月一次,带来的结果也是非同寻常的。你们可以用这些空出来的时间偶尔订个酒店房间,享受一下二人世界。要记住,最难的部分永远不是金钱问题,而是真正去做一些事情。

定律70 永远都要商量"谁做什么"这个问题

"谁做什么"的问题等有了孩子后将会主动冒出来,即便它之前从来没给你们造成过什么压力。老旧的"男主外,女主内"角色设定在人们心里太过根深蒂固,打破这种认知需要我们坚持不懈的努力。

但这并不是说,如果在你家庭生活周期的某个阶段,你们的关系的确因这种认知而受益的话,也必须得抵制这种观念。

没有人能告诉你究竟什么样的安排最适合你们，你只需要记住，论对婚姻关系的侵蚀速度，没有什么能比得上一方或双方对劳动分工怀有不公平的感觉。当然了，就算面对一个同性伴侣，你依然会遇到"谁做什么"的挑战，区别只在于你不会再依照过时的性别设定来解决问题。在传统家庭中，妻子需要主动卷起袖子抚养孩子、打理家务，丈夫则会主动将抚育孩子的工作添加到自己作为一家之主的责任中。

在家庭生活周期的每个阶段，你也许都需要重新评估自己的优先事项、价值观以及人生计划。所以，如果你是对家庭劳动分工感到不满的一方，一定要学会主动去和对方协商。

协商不是抱怨，它不是要你重提过去的不公，而是指在没有争吵或指责的前提下，你很清晰地表达出现状需要如何做出改变。如果你的伴侣是一个公正且懂得变通的人，你可以列一张详细的家务清单给他看，包括每天要做的事（如做饭和洗锅刷碗）、每半周或每周要做的事（如倒垃圾、洗收孩子的衣物以及定期要安排的家庭修理事项）等。你们可以共同明确当前谁负责了什么事情，允许双方指出不合理的地方，并重新调整分配。如果你的伴侣在家务分工上是一个固执、有失公允的人，那么最好的做法是从小事开始，具体说出你需要他改变什么。

但无论是哪种情况，若伴侣没有做好他分内的事，你都得控制住自己为他代劳的冲动。这也就是说，如果他忘了周日和周四两天该由他买食材做晚饭，你无须唉声叹气，然后板着脸替他做好。你可以先在家里备好健康的食材，等他饿了的时候，让他自己动手做汉堡吃。如果这周轮到他用吸尘器除尘做清洁，不要要求他像你那样做，你只能期望他去做。当你要求对家务做出一个全新的、更公平的安排时，你的伴侣会考验你是否是"动真格"的，所以不要让他打马虎眼。如果你不严肃对待这件事，最终只会又变回老样子。

生活中有一些人的确会毫不介意地独自承担家里家外的大部分责任，如果这样分工没问题，那么没什么需要协商的。但如果你对现状很不满，那么最好不要让事情一如既往地继续下去。因感觉不公平与协商未果而积累的紧张与怨气可以彻底摧毁婚姻。

> 协商不是抱怨，它是指在没有争吵或指责的前提下，你很清晰地表达出现状需要如何做出改变。

定律71 如何解决"育儿花销"的难题

认为男人要扛起赚钱养家的担子，因为这就是男人要做的事或者因为男人赚得多，这个观念有失公正。就像一个男人说的："我妻子认为她属于新时代的女性，坚持和我平分家务；可是她还认定如果她想待在家里全职照看小孩，那是她的权利，而养她和小孩是我一个人的事情，就因为我赚钱比她多。这是哪门子的男女平等主义？"

言之有理。但是没过多久，这个男人却又无意识地在阻止妻子寻找兼职，还特意为她算了笔账，从她可能的兼职收入里减去请保姆的费用，最后得出结论：她去工作"等于没挣着钱"。他本身更想让妻子留在家里照看他们蹒跚学步的孩子，这是一个再自然不过的想法。与此同时，他妻子也做了同样的计算，发现自己能挣的钱的确少得可怜，再者，那份兼职工作算不上理想工作，于是也就放弃了。

但是对于工作这件事，就像对待生命中其他事情一样，每个人都需要用长远的眼光看待。在获得可观的物质财富前，我们总是会经历一个自我提升的过程。而对于伴侣双方来说，在成年人的世界里工作，给个人带来的好处是要远胜于赚钱这个目的的。工作能带来的成就感以及女人需要在这个不确定的世界里保证自己的经济生存能力这两点，夫妻俩都没有考虑到。

改变一下这道算术题吧！从丈夫的薪水里扣除育儿的花销（如果妻子是家里唯一的经济支柱，那么就从妻子的薪水里扣）。这也就是说，现在不是单单从妻子的收入出发计较养孩子所需开销的问题，而是要基于整个家庭的经济状况考虑。应明确抚育费是两个人共同承担的责任，而赚取薪水的工作机会与挑战也是共享的。虽然这种计算方式最终并不一定能增加家庭收入，但是从丈夫的薪水里扣除育儿花销，却可以将两个人交流的角度从贬低妻子的贡献转为尊重她的付出。此外，还有一种计算方式是按相应的比例从彼此的收入里扣除抚育费，如果丈夫能挣8万块而妻子只挣2万块,那就按8∶2的比例分别从丈夫和妻子的收入里扣除育儿花销。

显然,现今很多夫妻都遇不到工作和家庭出现两难抉择的情况了,一对夫妻中有一方拥有足以支付整个家庭开支的高薪职业是一件很幸运的事,因为通常情况下双方都得工作才能保证家庭的正常运转。但是如果你遇到的情况和我前面提到的类似,夫妻俩不妨转变一下看待这种困境的角度,从情感的层面进行调整。事实或将证明这会是你们一起做出的最划算的投资。

> 改变一下这道算术题,事实或将证明这会是你们一起做出的最划算的投资。

定律72　站着说话不腰疼

如果你的孩子任性妄为、不听管束,你和伴侣必定会慢慢变得不堪重压,此时需要你们两个人一起行动起来。这意味着你们必须制定奖惩规则并坚决执行。

"那有什么难办的?"在我还没有孩子、未曾体验过那种炼狱般的生活之前,我这样对自己说。我深信当我和斯蒂夫有了孩子后,我们一定能够轻松"拿下"他们,才不像在超市看到的那对白痴父母,任由孩子在等待结账的队伍里尖叫胡闹,他们看起来却束手无策。但等做了父母后，我们分分钟被打脸。

那些说管教孩子简单的人，要么是还没有孩子，要么是他们的孩子是懂得保持房间整洁、他们还没开口孩子就知道摆好餐桌碗筷的"乖孩子"。每个孩子来到世界上，都携带着他们自己独有的 DNA 分子。有些孩子生来就倾向于听从大人的建议与负责任，这类孩子的父母可能会把孩子的良好表现全都归功于自己，还非常肯定地认为如果你和伴侣定好了规则，也能不费劲地就把你们那个爱闹腾、做事三心二意、叛逆且状况百出的熊孩子"制服"。至今为止，还没有什么办法能很好地治疗这种妄想症，除了真的将你们的孩子和他们的孩子互换一周。为了保险起见，也许再外加两个十几岁的继子女才能让他们更好地体会普通父母的辛酸。

当你们为孩子设定规则并让其承担相应后果时，首先要对自己有耐心，遇到困难很正常，这不是因为你们是一个无能的团队，而是因为你们是人。不要躲到杂物室里，把受挫的感受藏在心里，并认定只有优秀的父母才知道该怎么调教孩子。

达成一致的奖惩规则，并不需要你和伴侣的看法一致，无论你们商讨的话题是孩子的睡觉时间、满足他看一场吸血鬼电影的愿望，还是坚持等他吃完了西兰花才能吃两勺冰淇淋。世界上没有规定养育孩子的"正确方式"，真正重要的是，你们要尊重彼此的意见，对你们都能接受的奖惩规则达成共识，即便你并不认同其中的某个部分。然后你们需要统一向孩子讲明奖惩规则并严格执行，同时还要带着开放的心态及时修改调整你们的规则。

夫妻俩要成为一个团结合作的团队,难在夫妻俩容易在面对压力时唱反调:他支持"规则与秩序",而她则支持"爱与理解";他只买有机食物,坚决不允许含糖食品进家门,而她则当着孩子的面批评他的"刻板",私下偷偷给孩子开后门;他认为对孩子说"不"是合理成熟之举,而她则认为他吝啬又控制欲强。总之,就是他说黑,她说白。

如果夫妻俩在养育子女的问题上出现了两极分化,将会消耗彼此的精力,破坏婚姻中的亲密连接。事实上,孩子一般并不会因为吃没吃甜食,或者父母按照某种育儿哲学抚养而出问题。可是,当父母无法就奖惩规则达成一致,而奖惩规则却已成了夫妻俩情绪波动的残酷焦点时,父母就很容易变得焦虑或状况百出。

> 达成一致的奖惩规则,并不需要你和伴侣的看法一致。

定律73 你不必独自面对一切

会对婚姻关系与家庭生活造成压力的一个隐患便是在养育孩子和当家长时仍坚持某种过时的模式。也许在你的记忆里,一家人应该在晚上六点半围坐在一起其乐融融地享用晚餐,偶尔相互交流各自一天的见闻。这个场景一直伴随你长大，或者说你希望有这样的经历。

如果这就是你家里正在发生的场景，相信你的内心会更有力量。可如果你发现你认为应当如何的预想与实际情况之间存在着令人心痛的差距，那么你也要明白，世界上并不只有你是这样的。因为时代已经完全变了，"家庭时间"也随之发生了变化。

育儿专家罗恩·塔菲尔博士（Ron Taffel）是这样描述21世纪的"家庭进餐时间"的：

> 家里的所有成员都围坐在同一张餐桌前，但可能每个人都在享用着不同的食物——中式外卖、微波加热的速冻比萨、低热量的蔬菜沙拉。同时，每个人也都沉浸在各自的世界里：14岁的詹妮看似在回答妈妈家庭作业的完成情况，其实双手在桌子下面忙碌地发信息。10岁的巴特漫不经心地想让谁把那"不长眼的食盐"递给他。16岁的阿德莱德在告诫自己的弟弟妹妹和妈妈："别管我的事，来例假前的脾气可不受我控制。"詹妮开始就观看周三的音乐会和妈妈激烈交流，做着"最晚"不超过凌晨2点或3点回家的保证。

我将这一小段描述用邮件发给了我的好友杰弗瑞·安，她是14岁男孩亚历克斯的61岁母亲。杰弗瑞住在堪萨斯州的托皮卡。我揣测塔菲尔的这段话可能无法引起她的共鸣，因为在我看来，杰弗瑞是秉承传统教育理念的。然而令我惊讶的是，她告诉我这帮她化解了一些她作为一个备受挫败的母亲的执念。原来在她因儿子亚历克斯拒食家人都吃的餐食而大动肝火后，亚历克斯说他的朋友可以想吃什么就吃什么（杰弗瑞一家属于现在已不多见的差不多每天晚上六点半全家人都坐在一起吃晚饭的家庭）。在一次课堂调查中，亚历克斯发现自己是唯一一个会和父母在一起按时吃晚饭的学生。

我并不是希望你和伴侣接受"十几岁的孩子不懂事"这类观点，然后在自己的餐座上咒骂孩子；也不是说你不再需要将晚餐时光当作家庭时间——就餐时统统远离手机及其他科技产品。我只是要提醒你，养育子女在当今这个时代已经变得更复杂了，而这反过来又让我们的婚姻关系变得更为不易。一定要懂得利用那些优质的资源，如罗恩·塔菲尔博士的一些著作，听他说说在今天这个美好新世界该如何养育孩子。不要认为这件事靠你自己就可以，你可能真的做不到。

定律74　不要让你的伴侣做那个"坏人"

在每个大街小巷你也许都会看到这样一幕：小女孩为了一个冰淇淋苦苦哀求着她的爸爸，可是爸爸却说："对不起，宝贝，但我确实不能给你买，因为妈妈不想让你吃这个。"他的口气里尽是无奈，意思是他真的想给女儿买上一个，但是自己却不得不听妻子的话。这里有个很微妙却又无意识的心理活动：他在以妻子和婚姻关系为代价换取女儿对自己的亲近。他其实想采取更直接的行动："好吧，我会给你买的，但是不要告诉你妈妈，她知道了该生我的气了。"

让小女孩明白妈妈不许她吃甜食的态度比爸爸强硬，这没有什么问题，爸爸因为妈妈对一件事的强烈要求而同意支持她的规定本也是协作之举。但问题是，一旦爸爸同意了这个规定，就要做到在不让妻子当坏人的前提下，坚决对违反规定之举说"不"。

如果爸爸不支持这个规定，他完全可以重新和妻子协商这个话题："我发现有时候在强制执行'晚饭前不准吃甜食'这一条时，心里感到有些不自在。如果我和女儿出去了想给她买一个冰淇淋，我会灵活变通一点，在大前提不变的情况下，偶尔让女儿吃一次。"父母的职责是要学着配合伴侣去执行自己赞成的家规，而不是好像伴侣是家里的独裁者，我们在其面前无权无能，所以只能暗地里和孩子统一战线。就算是伴侣对某个规定的态度要比我们强硬很多，可一旦我们同意遵守规定，对自己的承诺负责就是很重要的。千万不要为了讨好孩子，直接或间接地鼓励他们将失望归咎于我们的伴侣。

一定要当心这个隐秘的三角关系，不要破坏伴侣和孩子的亲密关系。因为这个问题可能是你5岁的孩子央求给她买冰淇淋吃的小事，也可能是你35岁的孩子想搬回家住这样的大事。"你妈妈说了你不能搬回来和我们一起住，虽然我很想让你回来。"如果你不同意伴侣的决定,不妨直接和伴侣重新商讨这件事,把自己的想法说出来。"你担心乔恩搬回来后不上进,这一点我能理解。但是关上门不让孩子回家让我心里很难受。我们能不能找个既让你满意、又让乔恩必须自立的权宜之计?"不要随意妥协,让孩子认为你在一个不好说话的伴侣面前左右为难。

谈到对孩子的约束和纪律,让伴侣去唱黑脸的确是个诱人的做法,但这个举动除了会破坏你的婚姻关系,也会破坏你与孩子的关系:你的伴侣会在艰难的决定面前感觉孤立无援,从而心生怨恨;就算你一时得到了孩子的亲近,可你实际上也给他们传递了你并无威严与责任心的信息。

> 一定要当心这个隐秘的三角关系,不要破坏伴侣和孩子的亲密关系。

定律 75　积极处理婆媳关系

当一个新生命诞生后,每个家人之间的关系都要做出改变。孩子的到来将改变你对待自己的亲人,尤其是你对待父母的态度和方式。你的行为不仅是孩子认知家庭概念的范本,还会影响他们长大后对待你的态度。如何处理成人之间的关系是你留给孩子最重要的资产,因为他们无时无刻不在向你学习。

孩子只想让生活中所有对自己重要的大人和睦相处。举个例子，如果你和婆婆的关系很紧张，你的孩子就会陷入一个让他烦恼的三角关系中，她会受到两个大人之间的矛盾的影响，从而无法正确看待自己与奶奶的关系。孩子需要和祖父母/外祖父母保持联系，即便他们可能并不经常见面，也无论你对父母的看法如何。其实孩子尤其擅于捕捉到自己的父母与其长辈之间关系的微妙之处。

在你已经告诉过婆婆家里禁止给孩子买"任何电子玩具"后，她依然给11岁的孙子杰森买了一部电子游戏机。哪怕你只是暗自闷闷不乐，杰森也会觉察到这种紧张情绪。实际上，再小的孩子都能感受到情绪的干扰，而且一些孩子对负面情绪会极为敏感。或许有一个孩子丝毫不会受到两个大人之间情绪的影响，而另一个孩子则可能会像一块海绵一样吸收全部负面情绪。

在和父母相处的过程中，一定要学着降低自己的期望值。冷静和善地对待父母可与抱着"怎么都行"的态度不一样。若父母的习惯性举动越过了家庭中某个人设定的界限或者违反了家庭规则，应直接去和自己的父母沟通。这也就是说，丈夫需要告诉自己的母亲要遵守"严禁电子游戏"的规定，即便那是你妻子明令禁止的。当然了，也可以由你和伴侣一起出面向伴侣的父母说明情况，但如果伴侣在争执过程中撤离，留你一个人承担本应属于两个人的风暴，相信你也很难得到你想要的结果。

一定要多留意这种很常见的三角关系：两个女人（妻子和母亲）的"关系出现了问题"，而男人却一副置身事外的样子（详见定律105）。家庭中的三角关系会模糊真正的冲突，从而让理清和解决矛盾的难度加大。譬如说，婆婆其实气在儿子对自己的疏远，尽管她的矛头是对准儿媳的；作为妻子呢，则会气丈夫不主动向他母亲表达意见，但这个问题往往却因为她把目标锁定在婆婆身上而被暂时掩盖了下来。

不管你在哪里见到暗自较劲的婆媳，你都会在她们身后发现一个夹在中间充当哑巴的儿子。如果你能明了家庭系统的运作方式，改变自己在这种三角关系里的立场，那么你的婚姻以及家庭成员间的关系都会发生积极的连锁反应。

定律76　不要纠结于要把事情做对

当在养育子女的过程中遇到困扰时，要学着放过自己和伴侣。在高压期间，所有人都会陷入"异常的家庭模式"，你和伴侣当然也不例外！

当我在写《母亲是孩子人生的底色》（The Mother Dance）这本书时，我对来自多所高校的女生做了一次非正式的调查，主题是她们的妈妈都做错过什么事情。最终，我从一百多个观察结果和感伤的故事里，总结出了七点关键信息。那些女孩告诉我：

- 妈妈无暇顾及她们，或者相反，太过关注她们。
- 妈妈太热情了，或者太疏远自己了，让她们感觉不到真实的妈妈是什么样子的。
- 妈妈太过严格和刻板，或者表现得太像一个朋友或同辈人。
- 妈妈对她们说的事情很少，或者是什么都说："我妈妈会给我讲很多关于我爸爸的事情，我一点儿都不想听，可是不听我又会感到愧疚。"
- 妈妈会骗她们，或者会说出很多完全超出了她们的承受能力的"事实"来。
- 妈妈对她们的期待不够多，或者妈妈给她们的爱都有条件："我妈妈说如果我是同性恋，她就不爱我了。这会让我觉得她根本就不爱我。因为她如果真的爱我，就算我和别人不同，她也依旧会爱我。"
- 妈妈并不是真的理解她们，或者女儿一痒妈妈就挠："我妈妈太在意我的感受了，但我却恨她这样。在我心情不好时，她也会跟着心情不好。上个月我和男朋友分手了，我很心烦，但是我妈妈也跟着心烦，然后我因为很讨厌她这样而更加心烦了。"

这些青春期女孩的观察结果告诉我们，对父母来说，"把事情做对"是一件多么艰难的事情；它同时也让我们洞察到，面对教养孩子这个艰巨的任务，要学着谅解自己以及我们的伴侣。

定律 77　牢记这 10 个生存指南

1. 不要独自面对。人生因与他人互相关照而得以完善和提升。一旦你有了孩子,你个人以及你的婚姻都需要一切你能得到的帮助。

2. 请像躲瘟疫一样避开完美主义。每个人都需要为自己走过的那些日子心存感激。完美主义是每一位父母的大敌,尤其是妈妈们更容易在未能达到同类人的标准时心生愧疚。

3. 孩子的行为并不是你的成绩单。除了你会对孩子的言行造成影响,生活中还有无数其他因素也会对他们的行为产生潜移默化的影响。正如心理学家罗恩·塔菲尔所说的那样:每个孩子生来就不同,父母若对孩子本身的问题感到愧疚并要为之承担责任,那父母就会因女儿是班上唯一一个需要戴眼镜上课的孩子这类小事情而产生负罪感。

4. 永远不要预测孩子的未来。孩子的一生中会出现很多意想不到的奇妙转机,不要听信任何专家为你孩子做的那些凄惨无望的预测,世上没有谁能预知你孩子的命运。

5. 无须压抑孩子给你带来的糟糕感受。就像作家菲·韦尔顿(Fay Weldon)说的那样:"没有孩子最大的好处是你会心安理得地认为自己是一个好人,而一旦你有了孩子,你就会了解到战争是如何爆发的。"有时对你的孩子和伴侣感到憎恨十分正常,只是不要因为这些负面感受而对孩子和伴侣大发雷霆。

6. 不要过度关注孩子。当你带着忧虑或指责过多关注孩子时,你可能会忽视人生中其他需要你留意的问题——婚姻、家庭关系或者你的个人成长问题。学着增加你的关注焦点。

7. 尽可能过好自己的人生。如何经营成年人之间的关系是你留给孩子的最重要的财产。

8. 和你的原生家庭保持连接。如果你能同自己的原生家庭保持良好的关系,你的婚姻与孩子将会从中受益;如果你能同伴侣的原生家庭保持祥和、真诚又相互尊重的关系,你的婚姻与孩子同样会从中受益。

9. 少点焦虑和过激反应。去做任何能让你获得更多正念与保持内在平和的事情。若我们的头脑里满是担忧和害怕,我们就会失去当下的所有,同时我们解决问题的能力也会变弱很多。

10. 感到焦虑是难免的。在按照上一条定律去做的某些时刻,你大概会有像宇航员一样的体验,焦虑不安遍布你身上的每个毛孔,极度活跃的大脑可能把你在凌晨三点惊醒,只因你梦到了孩子不如意的未来。你要知道这是正常的,无须再叫醒熟睡在一旁的伴侣陪你一起担忧,尽管你完全有权利怨恨他此刻竟还能睡得这么香甜。

第八章
清楚自己的底线有助于保护好婚姻

施受平衡永远是建立幸福婚姻的根本前提。虽然现实生活就像滚石乐队演唱的那首歌曲——《你不可能总是万事如意》，然而，当婚姻中的两个人懂得灵活配合彼此时，生活便会融洽许多。

但同样重要的是，知道何时不能一味地向对方妥协也是婚姻中的大智慧。如果在配合对方时，你违背了自己内心的价值观、优先次序以及信念，你们的关系也无法实现真实长久的融洽。如果我们始终容忍伴侣的行为，却极少关注自己的需要（对对方期待过低），或者一味接受生活中的不公平安排，两个人的婚姻就会出现问题。所以在某些时候，我们需要勇敢地对现状说出"够了"，并付诸行动。

付诸行动是什么意思呢？真正的底线不是一纸空文，也不是盛怒之下随口说的威胁："你再敢这样一次，我立马走人！"它不是孤注一掷地强求对方改正，亦不是一句模棱两可的信息，口头上说着"我真受不了了"，随后做的却又是另一回事：等事态平静下来后故态复萌。

准确地说，底线源于对自我的关注，它源自一个人能够强烈意识到自己有权做什么、能做多少、付出到什么程度以及自己的容忍限度在哪里。亮明底线不是为了改变或控制自己的伴侣（尽管免不了会有此想法），而是为了保留自我的尊严、完整以及幸福感。底线只和"我"有关系："那就是我心里的想法"，"那就是我内心的感受"，"这些就是我能做和不能做的事情"。

你的底线立场无法仿造、假装，或者由你最好的朋友出谋划策而来。世上也没有一个适合所有人的"正确"底线。每个人的底线都不一样，也许要等我们的尊严遭受考验时我们才知道自己可以忍受的极限是怎样的。虽然我们在生活中从不缺少建议，但纵然是你的好友或者心理咨询师也不可能知道你在自己的婚姻里付出多少、做到什么程度、忍受到什么地步才算"合适"，以及你为了自己应该持有什么样的新立场。

本章中的定律谈到了许多"底线"，从伴侣在相处过程中遇到的日常问题（"你必须得洗锅刷碗"），到对维持婚姻的最后通牒（"如果这些情况依旧不改变，那么我没法和你继续过下去"）。若你想在"我们"中建立一个清晰的"我"，不妨仔细思量下文中每条定律的内容，而这一挑战的核心，则是在表明底线的过程中，如何既能拥有独立的自我，又保持亲密的连接。

定律78　从小事情开始表明自己的立场

如果你在婚姻中总是过度迁就对方，相信从今日起，即便是你的一个小改变也会明显改善你们的婚姻。

斯坦利在婚姻里会不计一切代价地避免发生冲突，他不会对妻子说任何有可能会引起争执以及破坏这种和谐假象的话语，他甚至都记不起来上一次是什么时候对妻子说的"不，我不同意"，然后坚定地维护自己的立场。

但是慢慢地，斯坦利开始试着向妻子表达自己内心真实的想法。比如说，他会告诉妻子他就要穿自己喜欢的那件衬衣和牛仔裤，而不是听从她的品位或穿搭规则："或许你说得对，我这身装扮在聚会上是有些随意，但今晚我想以舒适为主。"同时，他也不再听从妻子的指示，开始依据自己的口味点菜："我知道这家餐厅的鱼很有名，但这次我想尝尝他们的意大利面。"如果在上述事情上维护自己的立场对斯坦利也有难度，那他可以从更小的事情做起。

通过就小事情说出自己的看法找到自信后，斯坦利开始尝试更复杂的问题。这几年来，斯坦利一直都是在自己的办公室里接听母亲的电话，因为他的妻子无法忍受自己的婆婆，并一心想让斯坦利和母亲断绝联系。为了不让妻子生气，他和母亲的联络向来处于"保密"状态。"没必要因为这件事争吵"，他总是这样对自己说。

所以，斯坦利选择在家里和母亲通电话，直面妻子的愤怒与批评，是何等巨大的进步啊！他告诉妻子，他知道母亲是一个不好打交道的人，但她依然是自己的母亲，而他也需要这份母子关系。他妻子当然不会善罢甘休，于是更激烈的反击在所难免："你自己决定吧，有我没她，有她没我！"但这次斯坦利坚定地维护了自己的立场："你们是我深爱的两个女人，我谁都不想失去。"而当妻子轻蔑地咒骂斯坦利的母亲为"恶毒的贱人"并说出一些更难听的话时，他及时阻止了她，并说道："你对我母亲有什么看法尽管说出来，我都愿意听着，但是你得对她保持最起码的尊重，不要侮辱她。"

记住，你不能为了在婚姻关系中拥有强有力的立场，便急着在重大事情上试水。要慢慢来，从生活中的小事情做起。这不仅有助于你观察到每一个新行为对你们的婚姻所产生的影响，还可以让你了解到自己会如何应对改变所引发的焦虑。面对伴侣的激烈反击，你能守住自己的立场，做到内心平静、清醒、不抗拒，不再运用过去的模式了吗？

改变总是会伴随着恐慌，即使我们都在主动寻求改变。一些人起初会对改变抱有极大的信心，认为多多益善，并希望尽快看到结果。但往往过不了多久，他们可能就会因为感到深受打击而生出一堆借口，再也不愿提及改变。婚姻中真正的改变——实质性的改变，通常是以极慢的速度显现出来的，这一过程中真正重要的是改变的方向，而不是改变的速度。

> 婚姻中真正的改变通常是以极慢的速度显现出来的，这一过程中真正重要的是改变的方向，而不是改变的速度。

定律 79　用行动证明你这次是认真的

有时候用语言声明自己的立场起不到丝毫作用，如果对方依旧无动于衷，你可能需要用行动去证明你的决心，无论这个"行动"具体是什么。

这是最近发生在我婚姻中的一个例子：用过的餐具在厨房的水槽里堆得像小山，那周轮到我打扫厨房，而且斯蒂夫也唠叨过好几次了，说乱糟糟的厨房让人很不舒服。就在我继续无视他的提醒时，他平静地对我说除非我把卫生做完，否则取消当晚所有活动。所以尽管那个周五的晚上我迫不及待地要去看电影，斯蒂夫却还是不愿意陪我去，往常的好好先生那天不好说话了。

我知道斯蒂夫这次是认真的，因为我了解他的脾气，他从不会就他决定了的事理论或者没完没了地说教。那晚我们终究没有去看电影，他弹起了他的吉他，我钻进厨房做起了清洁工作。但我做这件事却是出于一种公平感，并未感到被强迫或压制，当然也有利己的动机在里面，因为我需要斯蒂夫帮我修理电脑的大小故障，而且我也的确喜欢拉着他陪我外出。

我并不是在暗示我和斯蒂夫只是靠死守各自的底线、逼着一方妥协的方式解决分歧。我们不会因为接受不了对方的做法，就得过且过地让问题继续遗留，或者暗自较劲，直接撂挑子不干。轻松、幽默而又及时的沟通总是可以帮我们很好地化解大部分的小分歧，甚至还能打破一些微妙、艰难的僵局。

即便如此，我们两个人都明白，有一条底线谁也不能越过，更不能用某些行为一再挑战对方的底线。就算没有说出来，伴侣通常也都明了彼此的底线在哪里，就像孩子知道自己什么时候可以逃脱惩罚而什么时候不能。伴侣有时也会像一个孩子一样，不断试探对方的忍受极限，直到对方说出"够了"并真正付诸行动，而这个说"够了"的状态便是对方的底线。

定律 80　学会无能

在向对方表明底线之前，我们一定要清楚自己愿意忍受的极限在哪里。当我们想让伴侣公平分担，对方却无动于衷时，我们需要想办法为自己保留时间和精力，说出"这是我能做的"代表了婚姻关系里的一个重要立场。

丽莎一走进我的咨询室就开始抱怨，说丈夫理查德看不到自己工作的辛苦，他下班回到家后对什么都不管不问，坐吃等喝，令她苦恼不已。那么丽莎该如何停止这场看似毫无尽头的争吵，表明自己新的立场呢？

首先，她挑了一个自己内心平和、丈夫感觉良好的时间，然后说道："理查德，我现在对包揽家里大大小小的活儿有看法，我对现状很不满，因为在我看来，我承担的远远超过了我应该做的；更主要的是大部分时间我都处于筋疲力尽的状态，我需要找个方法，留一些时间给自己。"丽莎问了理查德对此的看法，同时也具体说明了自己希望丈夫帮忙分担的事务。理查德答应会做得更好，可是几个月过去了，他却丝毫没有改变。

丽莎最终决定说到做到，她先列出了哪些事自己会继续做下去，比如说一个整洁的客厅和厨房对她很重要，所以她不会让这两个地方杂乱。随后她又列出了哪些事情自己会就此罢手，希望理查德接管。她把这个计划告诉了丈夫。你猜怎么着？他在此后两个月里用尽一切办法考验丽莎的意志，生闷气，抱怨，变得比以往更懒、更邋遢。丽莎没有生气，也没有心生抗拒，只是很平静地坚守自己的立场。她会继续用心打扫房间，因为整洁的环境对她而言比对丈夫更重要，只是她说过放手的事情，这次真的没有再插手。

此外，丽莎还坚持一周只做三次饭，其他时间以及理查德晚归时都由他自行解决温饱问题。她还发现了一些可以为自己节省时间和精力的其他办法，例如如果理查德邀请朋友或同事来家里聚餐，她不再外出购物为他们准备饭食，尽管她很愿意帮忙。害怕理查德生气是丽莎心里的一个坎儿，但是我用一句话打消了她的疑虑：据我所知，世上还没有哪个人死于生闷气。理查德最终懂得了分担，但是哪怕他还是对什么都甩手不管，丽莎至少也已经学会了让自己少做点儿。

正是基于对自己的责任感，而不是为了和丈夫对抗，丽莎在婚姻里找到了自己的新立场。她勇敢地说出了自己的脆弱与极限——"这样我太累了，没法再撑下去"。这对她来说其实并不容易，因为作为家里的长女，她从小便习惯了过度承担，在她的潜意识里并不知道如何用一种温和的方式表达自己的需求，让他人看到她需要帮助。向理查德表达自己的承受极限是她懂得照顾自己的重要一步。

看完丽莎的例子，希望你能明白，改变是一个过程，它不会因为你刚说了自己不再做什么，对方就会立刻改正自己的行为。同样，别忘了一点，那就是保持对自己内在需求的觉察，沟通时用"我"语言。因为如果你怀着调教或者报复对方的目的，你的言行就不可能会带来积极的改变。

定律 81　过刚易折，且柔且韧

如果你苦于无法唤起伴侣对某件事的关注，那么你的第一要务可能是学会增进你们的关系，以一种充满爱意与包容的方式接近你的伴侣，在急着表明立场前，多多练习前面几个定律。记住，当婚姻中充斥着敌对、批评或疏离的声音时，对方不可能认真听你讲下去，不妨先学着在婚姻中营造爱与尊重的氛围。

学会表达事情的积极面。即便你习惯了批评，也要找个时间，想一想自己在哪些方面是对伴侣报以感激之情的。在你告诉他需要改变的地方之前，先学着称赞他的优点。你要知道，最佳沟通者总是可以做到以放松而和善的方式坚守住自己万分艰难的立场。

定律 82　准备好接受考验

如果坚守底线会对婚姻现状形成挑战，别期待会有认可和掌声等着你，真正的改变必然伴随着反抗，所以准备好接受考验吧！

无论是有意识的还是无意识的，我们的伴侣都会试图抵制改变、予以反抗。当我们在两个人都熟悉的舞蹈里改变自己的步伐时，反抗是一个再寻常不过的反应。翻看《家庭系统理论101》，可知改变发生的过程大致为：当一方决定要定义一个更为清晰与独立的自我、划边界或者做一些会挑战到系统中既有角色定位及规则的事情时，焦虑情绪会充斥在两个人之间，随后"反抗"粉墨登场：你可能会受到指责，说你的行为不忠、自私、误导人、疯癫或完全错误，你的伴侣也许会变得愤怒或抑郁。如果这一刻你怀疑起了自己的初衷，也许会就此抛弃你的新立场，最终以伴侣的恶言恶语、脆弱、生气或抑郁的表现收场。结果是：什么都没有改变。

你要做的并不是阻止反抗的发生，真正的挑战在于待它们出现时，在不防御、不攻击的前提下依然坚守自己的立场。事情在变得更好前很可能会先变得更糟，但这远不足以成为你放弃新立场的理由；考验是改变发生的必经阶段。

罗西有一天告诉丈夫约翰，她无法再向他的家人及亲友继续隐瞒他患重度抑郁症这个秘密了，他已经坚持让她守口如瓶近一年了。"我希望由你亲口告诉他们，"她说道，"但如果你不说，我也会说出来。"她也真的这样做了。因为她觉得把丈夫有重度抑郁症视作一个不可告人的秘密会阻止约翰（还有自己）得到急需的帮助，事实也的确如此。此外，保守秘密需要不断地说谎，无论是说假话还是保持沉默，都对她的生活造成了很大的影响。

在罗西向约翰的父母和自己的几个好友讲了他的抑郁症病情后，约翰大动肝火，闷闷不乐地在房子里踱步，还说自己再也不会和她说任何事情，因为她已经丧失了他的信任。最初罗西非常恐慌，认为自己的举动肯定会加重丈夫的病情。

我鼓励罗西给约翰一个反应的空间，让他明白他的反抗只是改变过程中一个不可避免的阶段。同时，我还提醒罗西开始改变立场的原因：现状已经把她逼到无路可走了，再者她也不认为保密对约翰的病情有益。值得赞扬的是，罗西全然接纳了约翰的愤怒，没有起防御之心，也没有道歉，反而深情又诚实地向丈夫说明了她这样做的原因：

> 约翰，我明白你非常生气，换作是我，我可能也会很愤怒。但是看着你的情况越来越糟，我感到越来越害怕。我给你的建议也没有一个能减缓你的病情。我变得很焦虑，我不能再继续向那些关心我们的人保守这个秘密了。而如果你做出了伤害自己的事（但愿这永远不会发生），我将永远都无法原谅自己一直以来的沉默。这样做也是为了我自己吧，我需要有更多人为我出谋划策。我希望我们大家相互支持，协助你早日康复。

最后，约翰的确为自己的抑郁症寻求了帮助，尽管是在罗西死拉硬拽之下参加的第一次治疗。他也终于慢慢理解了罗西的立场——"我无法再保守这个大秘密了"，明白了这是出于爱和关心，而不是背叛。但是即使约翰还是很生气，罗西也不那么在意了，因为她是基于自己周全的考虑，而不是基于害怕约翰的反应而持有那样的立场。为了自己也为了丈夫约翰，罗西终究选择了拒绝被丈夫的抑郁症绑架。

> 真正的改变必然伴随着反抗，所以准备好接受考验吧！

定律 83　三思而后行

不要急着表明不适合自己的立场。你的好友或许会对你说"你直接拒绝就可以了"或是"警告他不要那样对你"，但是记住，你才是那个最了解自己的人。

布兰达是我的一位客户，她因为一件事对丈夫格兰非常气恼：他把自己几大箱子的书和其他杂物堆在车库里，一堆就是几个月，导致他们的车都没地方停。一位好友给布兰达出主意说："你告诉他，月底前再不把车库腾出来，就把他的东西都捐出去。"

布兰达听从了好友的建议，给丈夫发了最后通牒。时间到了，格兰依旧没有移走自己的物品。就在次月的第一天，他的东西全都不见了。格兰大发雷霆，事后布兰达也感到无比内疚。她的懊悔让她自己再次回到了原先的立场，而她这个看似寻常的举动，实则让她在他们的婚姻关系里牺牲了太多的自我。但又能如何呢？她已经听了朋友的建议采取了行动，结果也已经让两个人的关系雪上加霜。

那是捐赠这个办法"有问题"？不见得，只是这个办法对布兰达的好友来说或许可行，但对她显然行不通。如果布兰达当时肯花些时间想一想，她也许就能找到一个匹配自己个性和价值观的办法，而不是听从朋友仅基于她自己的潜在需求所给出的建议。她也许会想到雇一个大学生帮自己整理箱子，把杂物移到丈夫的书房里或其他可储放的位置。

也或者，布兰达心里清楚自己还没想到处理这些箱子的方法。当我们对一件事的立场清晰时，这个立场往往会让我们意识到自己在其他事情上也应有的态度。也许是布兰达还没有准备好解决自己婚姻中的关键问题，这个问题与车库里的箱子无关，而是丈夫根本听不到她的合法请求与抱怨。这让她在婚姻中感受不到伴侣的协作，像是只有她一个人在努力维持婚姻。

当我们看别人的婚姻时，往往都有"旁观者清"的体会，但等自己也入了局，却对如何守护自己的底线变得茫然无解。你或许一开始很清晰，但当自己无法从对方那里得到自己想要的回应后，你会发现自己的大脑又陷入了混乱状态。有时候仅仅是承认自己的困惑、清楚自己只是还没准备好面对婚姻中的问题，你就已经走在了认识与定义自我的路上。

定律 84　刚柔并济

底线并不需要像刻在石头上一样，一旦决定就必须得坚守到底。在了解到更多的信息后，你可以随时重新做出考量。当你说出"我这次是认真的"这句话后,并不是说你再也无法改变自己的想法。

当安妮特和艾琳娜来找我做咨询时,安妮特已经对她们相处三年的关系不抱太大的希望。她说她再也无法忍受艾琳娜一直不向父母坦白她们的关系——艾琳娜依然在假装安妮特只是她的好友与室友,而不是终身伴侣。

"我受不了艾琳娜把我们的关系视作一个可耻的秘密,"安妮特在我们第一次会面时告诉我,而她最初的立场是"如果艾琳娜不在感恩节前把我们的关系告诉父母,我会搬出去住!"等稍微平静下来后,她改变了自己的立场:"在你没有告诉你爸妈这件事前,我不会去你爸妈那里。"过了没多久,她又半开玩笑地说:"也许我会在感恩节那天亲自去向你父母坦白这件事。"

等我分别为这两位女士画出了她们的家谱图后,两个人家庭模式的明显差异便很清晰地呈现在我们的面前。在安妮特的家庭里,血浓于水,无论发生什么状况,最后总是家庭和睦排第一位。所以尽管安妮特的查理叔叔加入了不为世人接受的怪异教派,他依然是家庭中的一分子,受邀参加大大小小的家庭聚会。

而艾琳娜的家庭却完全相反,她的家人绝对不允许存在任何差异,如果你和某个家人发生了争执,那个家人或许会一辈子都不原谅你,甚至不会和你再说一句话。譬如艾琳娜的母亲自从八年前母亲离世后,就再也没和自己的姐姐有过来往,因为她无法原谅姐姐单方面决定了母亲生前的照料问题。

此外，艾琳娜的父亲因为在自己的家族企业中未得到应有的地位，内心深感被欺骗，也和他的所有兄弟姐妹断绝了一切往来。他同时还与自己在上一段婚姻生下的已成年的儿子断绝了关系。这种断绝关系的模式在艾琳娜的家族中可以追溯到至少三代人。

在咨询过程中，安妮特慢慢地可以为艾琳娜的困境生发出更多的同理心，明白了艾琳娜害怕坦白她们的恋情后可能会失去家人。但这并不意味着安妮特就要彻底放弃自己的立场。她坚持要求艾琳娜直面这个问题，然而她现在能理解艾琳娜对这件事的深思熟虑和讲究策略的重要性。这的确需要时间，急不得。

对安妮特来说，改变自己最初的立场——"现在就告诉你父母，否则……"并不代表自己的软弱或过度妥协；相反，它反映了当一个更广阔的视角以及新的事实摆放在眼前时，她同理了对方并对过去抓住不放的事灵活变通地处理。

我们的底线立场可以坚定，但无须死板，哪怕我们一开始就站在了一个不留商量余地的立场上。了解更多事实可能会让我们重新评估自己的所思所感。

> "我这次是认真的"并不是说你再也无法改变自己的想法。

定律85　什么时候可以谈离婚，而什么时候不能谈

最伤害婚姻的做法，莫过于在争吵时把离婚挂在嘴边。每一场婚姻都难免会经历一些起伏波折，当你们处在"低谷"时，要时刻避免传达出对你们在一起的悲观情绪。不断重复负面的言论容易形成自我暗示。如果你已经结婚了，那就做到百分百投入，全力以赴地经营这份关系。

这也就是说，如果你发现自己曾不止一次地认真思考过分手或离婚，而不仅仅只在争吵的时候，那你的确需要和对方好好谈一谈此事了。每个人都有权知道，如果选择继续往常的行为需要承担多大的风险。我们应当对伴侣坦诚相告，这样对方就可以借此时机考虑是否需要为你们的婚姻做出改变，比如找一份工作，承担家务与照料孩子，入院治疗上瘾症，或者学会尊重你。

我在咨询过程中遇见过很多感到自己已濒临崩溃的男士，他们也无非是在控诉伴侣给了自己一个"晴天霹雳"，然而在女人们看来，她们已经表达愤怒与不满很长时间了。通常双方都没错，因为之前他没有足够用心地听，而她表达自我的方式又不够清晰。她或许是抱怨了无数遍，可随后却又让事情回到了"一切照旧"的状态，而没有把谈话提升到确保自己所说的话不会再被忽视的层面。

若你已经暗自决定离开并认定对方所做的任何改变都将于事无补，那此时提出离婚会有失公平。婚姻要比你想象的具有更多转机，所以记住这两件事：不要在气头上或者事情的糟糕程度远不至此时提离婚；如果你认真考虑过离婚，要在你做出无法改变的决定前告诉对方。下文中的定律会告诉你，当必须要谈离婚时，如何更好地切入该话题。

定律 86　当你下最后通牒时，要让对方听到你究竟在说什么

当你说出"如果不解决这些问题，我恐怕难以和你再继续这种关系"这句话时，你就是在表明自己的底线。如果你真的无法忍受一些事情，一定要让对方听到你究竟在说什么，而不是一味埋怨对方不听。

有时候你的伴侣根本想不到你会真的离开，因为你抱怨也抱怨了，威胁也威胁了，但却从来没有一次撼动过你们的关系。如果你们的关系真的危在旦夕，你需要将你们的谈话提升到一个完全不同的层面。首先，你心里要清楚自己的立场在哪里，这并不容易；其次，你要向对方清楚地表达自己的立场，最好选择手写一份简短的留言（重要话题请勿使用发送电子邮件或信息的方式）。

露丝来找我做咨询的原因，用她自己的话说就是"我嫁给了

一个性瘾男"。她发现丈夫比尔在他们10年的婚姻里有过4次婚外情,而从检查他的邮件和追踪其行踪的结果来看,她怀疑丈夫不只是有这些精神出轨或身体出轨。同时,夫妻俩一致认为,是性瘾症这个病本身造成了他与其他女性发生身体或精神出轨。比尔在接受个人与团体心理治疗,负责给他治疗的是一名专门研究性瘾症的男性咨询师。

在咨询开始之初,露丝更多的是在说比尔性瘾症方面的事,甚少提到自己的问题。她一直关注相关的研究进展,看到有关的阅读材料和建议,她都会一一拿给比尔看。"我爱他,"她对我说,"有时候气死了,有时候伤心无奈,我知道性瘾男无法控制自己的行为。"

在随后的咨询过程中,露丝慢慢地不再做比尔的专家,而是把目光收回到自己身上。她此时需要面对一个艰难的决定:如果一切照旧,这种日子她还能坚持多久?1年?5年?10年?还是一辈子?露丝考虑的是自己能否继续忍受丈夫的这种行为,即便它已经令自己苦不堪言。如果这就是她的决定,那唯有麻痹自己,学着忍受——没必要再试图改变、批评、教育或监视比尔,要做好余生都像母亲一样照料他的准备;也或者,她终于受够了,对比尔彻底摊牌,表明自己的底线。显然,后者才是她更想做的选择。

当露丝最终明白自己不可能再拥有一夫一妻制的婚姻后,重要的就不再是丈夫的行为是受他的荷尔蒙驱使、受大脑分泌的化学成分控制还是因为有过创伤的过往了,这些对露丝来说统统无关紧要了,真正重要的是她很痛苦,没法再维持这样的婚姻了。想清楚这一点后,她在随后与比尔的几场谈话里用"我"语言定义了自己的底线,没有评判,也没有指责。她还特意买了一张黑色卡片,并在上面留言道:

> 亲爱的比尔:
>
> 　　我之所以写信给你,是因为我无法保证当面谈话能让你听明白我表达的意思。我提过无数次离婚,可能这些在你听来不过是一次又一次的威胁罢了,但这次我是百分百认真的。你现在需要决定自己能否保证今后只有我这一个女人。如果你做不到,我很清楚自己已经撑不了多久了。如果说离婚的预备状态分 1~10 这 10 个等级,那么我此刻在 9 级。所以,如果今后一切都还是老样子,那么我再发现你一次精神出轨或身体出轨,我会立即请律师申请离婚。
>
> 爱你的露丝

很不幸,不久比尔重蹈覆辙,而露丝则选择了依言行事。她无法拯救自己的婚姻,但是却能拯救自己的尊严,而且她也的确做到了。她知道自己已经给了比尔一次又一次的改正机会,虽然离婚会带来巨大的痛苦,但随着时间流逝,这要比死守着一场不断侵蚀她自尊的婚姻更划算。

虽然我们在婚姻中遇到的大部分问题都不足以毁掉婚姻,但我们却需要学会对这些问题建立起自己的底线立场。你需要弄清楚自己的底线究竟在哪里，如果你一遍遍的谈话只换回他的充耳不闻，那么你可以试着改变一下表达方式，把要说的话写下来——内容不要超过两段。如果你真的想让对方明白自己的心意，表述一定要简明扼要。

定律87　没有对方你也活得了

问题再小，你都要明确自己的底线。你一定要知道，到了迫不得已时，离开了伴侣你也可以很好地活下去。最稳固的关系只存在于离得开彼此但又不想分开的两个人之间。

我并不是暗指在关键问题上坚守自己的立场容易导致离婚；相反，当我们无视问题，或者放任对方不公平或不负责任的行为时，婚姻反倒更容易走向终点。清楚自己的价值、内在信念以及人生目标，而后保持言行一致、内外合一，是稳固婚姻的核心所在。

即便如此，我们身处自认为是赖以为生的婚姻里时却很难做到这般心明如镜。以职场为例，如果你对工作中的不公正待遇感到不满，你可以向老板提出诉求，要求改变，表明自己对不现实或不公平要求的看法以及希望如何改变。但是你不能表明自己的底线立场——"我无法接受你安排给我的额外的工作"，除非你知道没有这份工作，你在经济和情感上都没有后顾之忧。婚姻关系也概莫如是。

付诸行动总是让人惴惴不安。我们就一个看似很小的问题表明了自己的立场后,内心很容易感到有压力,从而羞于谈其他的问题。但是当我们清楚自己可以接纳和忍受什么时,我们的伴侣相应地也会对我们的立场、能做什么及不能做什么变得清晰起来。当我们把无效的抱怨改为肯定的要求后,我们便拥有了看见自己和对方的能力。

如果你的伴侣通过行动而非语言,多次表达了他宁愿离婚也不愿意接受成瘾治疗、找工作或者洗锅刷碗等,你可能就要做出一些痛苦的选择:你会就此选择离开他吗?你会保持现状,还是自己去改变些什么?如果是后者,那你会做什么改变呢?这些问题并不好回答,甚至连想一想都心生苦恼。

然而,直接谈离婚是解决不了什么问题的,内心清楚自己有能力改变这一切才是问题的正解,前提是你认为有必要。如果你认为做不到,那就把你的精力更多地投入到强大自我、加强与亲友的联系中去。无论最后是去是留,这都是双赢之举。基于恐惧的婚姻不可能美满幸福,幸福的婚姻中,夫妻双方会自愿遵守承诺。

> 最稳固的关系只存在于离得开彼此但又不想分开的两个人之间。

定律88　如果伴侣决定离开你，请这样做

也许你就是那个在现实生活中被伴侣发了最后通牒甚至宣布分道扬镳的人。当一方表达出了要离婚的意愿或者宣称要暂时分开去考虑清楚一些事情时，这通常对另一方具有毁灭的意味。

如果你就是面对沉重打击的那一方，相信那一刻你可能会迫切地想要把对方追回来：不断发短信，留电话语音，恳求伴侣回心转意，也可能是一遍遍地追问，以让自己更好地消化这个无法承受的结果；你还可能承诺做到对方先前要求的所有改变。一股强烈的情感暗涌驱使着你肆意而茫然地表达着内心的需求与绝望，你甚至会情不自禁地给对方发信息："我爱你，离开你我活不下去，救救我吧。我要崩溃了，请你回到我身边吧。"

当然要让对方了解你真实的痛苦与脆弱，但是当你已经说过一遍之后，再重复就没有任何意义了。如果你此刻仅停留在出于本能的追求模式里，你的伴侣反倒更不愿意见到你，所以你若真的想让对方回心转意，或者至少给自己一次挽救婚姻的机会，你需要改变自己固有的思路。下文便是具体做法。

首先，重新回到第四章，用心领会写给依恋者的那些准则。你要知道让一个依恋者停止追求，是需要极大的勇气和意志的。去家人和朋友那里获取你需要的所有支持，唯独不要向伴侣寻求支持。你也可能想从咨询师那里寻求帮助，那样你就会多一个诉苦的地方，同时还能得到更专业的帮助与支持。就在这一

刻，照顾好自己，控制并调节好情绪是唯一重要的事。

其次，用尽你所有的勇气和意志力尊重伴侣需要个人空间的意愿。不要苦苦恳求她，尽可能地让自己表现得已经振作起来，认识到了问题所在，并选择了向前看，即便对你来说要做到这一点的难度不亚于赢得奥斯卡奖。如果你感觉对伴侣当面表达容易情绪失控，不妨把要说的话写下来。

下面的例文是我的一位客户所写：

亲爱的吉尔：

　　我向自己曾对你造成困扰以及未能尊重你对个人空间的需求而对你表达歉意。我感觉我现在看待问题的角度发生了变化。我在接受心理咨询，正在寻求自己需要的帮助。这次婚姻危机给了我反省自己的机会，让我认识到了我为婚姻发展到今天这个地步应该承担的责任。我意识到我需要更多地关注自身存在的问题。我会支持你替自己做的任何决定。同时，我想让你知道我会好起来的，我会好好照顾自己。我爱你，我希望我们能再给婚姻一次机会。如果你想谈一谈，请你一定告诉我。

爱你的提姆

在提姆寄出这张卡片之前（严禁使用电子邮件），他每天都会给吉尔留几条信息，发送长篇幅的电子邮件，同时还让朋友替自己劝说吉尔。他完全表现出了一种"拼了命也要挽回吉尔"

的态势。他告诉我只要吉尔肯和自己说话，他就有绝对的把握把她留下来。当然，吉尔并没有因此和他说半句话。但因为这短短的一封信体现出了提姆从自身找问题的态度，他最终抓住了吉尔的注意力。她开始记起婚姻里的种种美好，并开始重新考虑自己的离婚决定。

　　写这样一封信或许会让你感觉完全是个错误，但这却是为破裂的关系创造可能的最佳尝试。过了没多久，提姆便领会到了信中所隐藏的更高真理：他的确需要关注自我，吉尔也的确需要个人空间，他会慢慢好起来，即使写信的那一刻他肯定不这样认为。

　　当你感觉有必要多说却偏偏克制着自己少说，因绝望而欲穷追猛打却要停止追击时，除了把注意力放到自身的问题上，你还要让对方知道你在改过自新。这时，你需要极强的自律与自制力。在按照本定律实际行动时，你需要学着让思维摆脱情绪的支配，让自己置身事外地看待婚姻中出现的问题，因为最让人感到脆弱的事情，莫过于遭受失去幸福婚姻的威胁，而你在此过程中可以获得的馈赠是，无论你最终能否拯救自己的婚姻，你都为自己寻找到了最坚定的立足点。

第九章
再婚家庭里的婚姻与亲子关系

在抚养继子女的过程中,你是否曾想过应该为自己对婚姻的坚守颁发一枚荣誉勋章?好吧,也许这样说是有点夸张,但是经营一份有继子女的婚姻的确需要在压力下拿出勇气、毅力和慈爱。实际上,在一方或双方都带着孩子的情况下重新组合家庭,其难度比你想象的还要困难得多,所以在此让我们为继母们点亮一根感恩与支持的蜡烛,因为把她们在家庭里的立场说得有多难都不为过。

对于本章内容的一个小提示:在阅读过程中,你或许会有一种自己面前端上了一盘炒煳了的猪肝,还有几片蔫了的甘蓝菜叶做点缀的感觉。但是我上这道菜的目的是它自有不可取代的价值:有继子女的婚姻遇到的问题更多,无论这是传言也好,是真实的言论也罢,它都会成为婚姻成长与幸福的最佳燃料。所以带着这个提示,我们来一探究竟。

当婚姻涉及抚养从上一段婚姻带过来的孩子时,这会给新家庭里的每一个人带来挑战。潜在的竞争、妒忌、忠诚冲突以及家庭内部与家庭之间的敌对情绪空前高涨。这就不难理解为什么即便夫妻双方都在竭尽全力地经营这份来之不易的婚姻,但两个人的关系还是会很快变得分崩离析。而造成关系紧张的一个原因是,有很多建议和婚姻咨询把对传统家庭的经营理念照搬到再婚家庭里。那根本行不通,或者说不可能运作良好。你要知道一点:如果你想按照自己曾经的理念经营现有的婚姻,那你的婚姻关系只会变得剑拔弩张。因为再婚家庭里的夫妻扮演的是全新的角色,需要全新的规则指导经营婚姻。

承认再婚家庭生活的复杂性当然不是说这种家庭形式要劣于传统家庭，或者说孩子会得不到更好的发展。一个健康运作的再婚家庭会照顾到家里的每一个人。尽管夫妻双方逃脱不了一些特有的挑战，我们仍然可以在再婚家庭里看到无数和谐、幸福与圆满的婚姻。只要愿意带着坚持与决心来学习本章的内容，相信身处再婚家庭的你也会拥有幸福的婚姻。

本章中大多数定律的核心内容是：继父母只需要做到凡事都从实际出发，别无其他，而亲生父母必须要亲自出面，负责自己孩子的成长。如果前一段婚姻带来的痛苦与愤怒在新家庭里能够得到很好的疏解，同时你和伴侣以礼相待，尊重每一个关照孩子成长的其他成年人，即便他们中有人言行不端，毋庸置疑，你们的生活将会和谐顺畅很多。但像所有值得做的事情一样，这是一个需要反复练习的过程，请保持耐心。

在美国每年结合的夫妻中有一半是再婚，同时有三分之一的孩子会和继父母一起生活。我非常感谢贝蒂·卡特和莫妮卡·麦戈德里克这两位令人敬重的家庭治疗先驱，他们教会了我如何帮助带有继子女的再婚家庭里的夫妻面对种种挑战。下文中的定律就是我从他们身上学习到的智慧，在此也将其传授给你们。

定律 89　忘掉"混合"一词

我的同事喜欢用"混合家庭"这个词来描述再婚家庭（只

是夫妻结合时多了孩子），但问题却是：家庭之间无法融合。很显然，如果再婚时孩子已经成家或者是年纪甚小，还有大把的时间可以和他们建立感情，这两种情况相对会为再婚生活减轻不少负担。但无论如何，带有子女的再婚家庭的生活从来都不容易。通常，新家庭里的成员需要花上3~5年的时间度过艰难的磨合期。

　　双方越早接纳再婚家庭的复杂性，对生活就越有益处。当两个人初次结合时，他们会将各自在原生家庭里未了的情感包袱带到自己的婚姻里。但是当你重组家庭时，除了会把原生家庭的情感包袱带入婚姻，一方或双方还会携带着上段因离婚或死亡导致的婚姻终止所产生的心理包袱。如果此刻你的身份是继母，全世界都希望你能照顾好他的孩子，因为这就是"女人该做的"；如果你是亲生父亲，你可能会因为新妻子与自己孩子的紧张关系或者是现任与前任的纠缠而纠结万分，完全理不清头绪；而如果你是一位继父，你可能想尝试着在新妻子的孩子面前扮演家里的权威人物，结果发现你的良苦用心只是一厢情愿。

　　如果你还在幻想着孩子和大人在这个新家庭里很快便其乐融融，那你该醒醒了。与其责怪每个人的不是，不如学着领会你身处的本就是一个非常复杂的系统。要知道，即便是一位修行造诣极高的禅师也很难时时保持头脑清明。慢点来，有耐心些，要预料到会有情绪上的冲突，同时也停止做每个人都会"顺心如意"的白日梦。

定律 90　亲密无须强求

建立新家庭需要时间。在再婚家庭建立的初期,继父母要格外留意家庭关系秩序的重要性。比如说,在和你结婚前,你的妻子和她的儿子有两个人过生日的专属仪式,那你可以鼓励他们继续这样做,还是让他们两个人举行那个仪式,你不要想着加入他们。假以时日,你们也可以建立在新家庭里过生日的仪式。

如果家里有个十几岁的孩子,那么尊重的先后次序至关重要。青少年尤其会对融入新家庭的要求感到不解,因为这个年龄的孩子本来就在试图脱离家庭,渴求独立。所以当你精心为家人准备了一顿晚餐,结果丈夫的两个儿子却选择出去和朋友聚餐时,记住不要冲他们发火,也不要责怪丈夫没有出面管教儿子。除非那顿饭有特别的意义,每个人都必须在场,否则权当那两个孩子不与你们共餐是他们少年期常见的叛逆行为。你可以把吃剩的饭菜放到冰箱里留作孩子回家后的零食。不要认为他们不与你们共进晚餐是专门针对你的。

如果跟着父亲的是一个正值青春期的女儿,那她可能是继母的劲敌。尤其是长女,她们往往更忠于自己的亲生母亲,同时保护欲也更强,而且更喜欢站在照料父亲的位置上。所以,如果你遇到了这种情况,最好趁早打消想和他女儿建立亲密母女关系的念头。

> 尊重的先后次序至关重要。

定律 91　继母：不要给自己的身份定性

"继母"的称呼向来备受诟病，"后/继"（step）这个词根源自"孤儿"（orphan）一词，所以继母身份顿时就隐含了一种退而求其次的意味，很多家喻户晓的童话故事已充分演绎了这一点。但是，"继母"这个身份的真正难题其实在于词中包含着"母亲"的部分。

女人结婚是因为爱上了一个男人，而绝对不会是因为希望成为某个人的继母。最主要的是，没有人能完全走进一个已经有过往的家庭，更不可能去了就可以称职地承担起母亲的角色。一个女人永远不可能因为嫁给了一个带着孩子的男人，就能自动获得母亲（任何类型的母亲）身份。

如果你能看出这种期待的荒谬以及由它引发的问题，你的婚姻关系将会受益。新妻子越是努力想成为某种母亲，就会从继子女及他们的亲生母亲那里感受到越多的阻力，此时男人善于逃避问题的天性也会暴露无遗，特别是在他还肩负着两个家庭生计的情况下。而若没有男人的干预，生母与继母之间的相互指责也会愈演愈烈。

与此同时，孩子也会因为两个女人敌对的抚养方式陷入左右为难的混乱境地，而继母又恰恰是直接面对孩子的那一方。父亲这一边呢，可能只会因身处双方交火的正中央而烦恼，无力找出调和这种多重关系的良策。婚姻再次让人觉得举步维艰，没有人会期望走到这一步，因为在女朋友还没有成为妻子也没有成为母亲之前，每个人的关系都曾那么融洽。

你要记住的是，孩子很少会希望父母再婚，给自己找第二个爸爸或妈妈。当被问起希望和父母的新丈夫或新妻子拥有什么样的关系时，孩子更多的是希望拥有一种友好的关系，比如就像多了一位叔叔或阿姨、篮球教练或者特殊的朋友等。没有人能代替孩子父母的位置，就算父母已去世或缺席甚至入狱。

定律92　勇于挑战传统的性别角色

试着接受这样一个事实：老旧的性别角色界定是多数再婚家庭的核心隐患。即使是在大部分主张平等的现代伴侣之间，这种既有的角色界定也从未真的和他们绝缘，可能也就在两个人刚搬到一个屋檐下时销声匿迹了一会儿。如果想提高自己的婚姻质量，你必须勇于挑战它们！

当一对异性伴侣打算再婚时，家庭治疗师贝蒂·卡特提醒我们要留意双方此时可能会出现的内心活动：

男方会在心里想:"太好了!我又要结婚了!我的孩子会有新的妈妈,我们会组成一个真正的家庭!"(这句话的真正意思是:"我去工作,她来照顾我的小孩,我们看起来又像一个传统家庭了。")或者更糟的情况是,他心里想:"太好了!我的小孩这次要有一位好妈妈了。她会把他们培养好,才不像和我离了婚的那个自私又失职的贱人。"

女方也会在心里想:"太好了,我又结婚了!尽管和孩子的父亲无法达成抚养孩子的共识,但现在有人愿意照顾我和孩子。他因为工作抽不开身,我的时间好安排,我会好好抚养他的女儿。显然他也不知道如何管教孩子。这些可怜的小家伙从来就没有得到妈妈的疼爱。所以如果我做得足够好的话,我能给她们想要的一切。"

这些酸腐老旧的性别角色界定会成为你们婚姻的灾难。那你要如何突破呢?首先,父亲可以管教自己的孩子,承担起那些可以亲力亲为的日常养育工作,尽管这些事由妻子来做可能更得心应手一些。男人应该知道的是,当你把教养孩子的责任交给新妻子时,你就等于给她设定了"邪恶继母"的身份,极有可能造成孩子行为的倔强失常。其次,妈妈可以外出工作,即便她的赚钱能力也许远不及爸爸的。这个建议可能也同样适用于传统家庭。记住:对以往角色设定的墨守成规只会牺牲掉再婚家庭,最终葬送来之不易的婚姻。

纵然是经验丰富的心理治疗师也会掉进这个传统的思维里,

认为当有妻子在时,男人就无须插手去管小孩的事。这让我想起一对夫妇,他们遇到的家庭问题无外乎丈夫平日里常要去外地出差,和他结婚大约一年的妻子则在家照顾他的三个儿子(她的继子),而这些小家伙每到睡觉时间必会闹腾一番。

当听到这个丈夫坚称因为自己长期不在家,不可能负责孩子睡觉这件事时,我竟不由自主地点头认同起来。但突然间,我想起了差不多在十年前,我曾听贝蒂·卡特在处理一个相似案例时对一位父亲说的话,她用她一贯轻柔温和的语气问道:"你听说过电话吗?"

经这段记忆的提醒,我决定学以致用:我让这位爸爸每天晚上给儿子打电话,问一问他们白天在学校的情况,嘱咐儿子睡觉,同时还强调当妈妈(继母)提醒他们睡觉时,要尊重她,听她的话。当他挺身而出亲自管教自己的孩子后,家庭里每个人的关系,特别是他和妻子的关系,都得到了显著的改善。

定律93 继父:学着做一个幕后教练

让我们面对现实吧:当继父不像在公园里散步那么容易。如果你想对自己的婚姻产生正面的影响,不妨在继子女面前树立一个仁慈与负责的形象,热心关注他们的生活和学习。当他们有意要和你独处时,你应欣然接受。但是你需要明白的是,不要急着在他们面前充当权威,无论你有多爱他们,也不管你的领导能力有多强，因为父母的权威都是随着时间流逝而慢慢在孩子内心建立起来的。你的任务是要在养育问题上成为支持妻子的丈夫以及当你的妻子需要指导时的幕后教练，这是让你现有的婚姻幸福长久的关键。

要相信你妻子抚养自己孩子的能力，即便她在管教儿子时仍显吃力。但别插嘴，你此时需要袖手旁观。举个例子，如果你妻子喊她儿子乔尼摆放碗筷准备吃饭，结果叫了几遍他还在盯着电视目不转睛，这时你不要愠怒地插话："乔尼，你没听到妈妈说的话吗？过来，把碗筷摆好！"如果你有什么积极的建议，不妨稍后用建议的方式告诉妻子，而不要批评她。不要对妻子说"我真看不惯你女儿对待你的方式"，或者对继女说"我听不惯你和妈妈顶嘴"。尽管你妻子会向你抱怨这些事，但这些话由你说出口后，只会削弱她做母亲的信心与能力，最终导致你们婚姻关系的紧张。

给妈妈的建议：你要相信自己养育孩子的能力，哪怕你嫁给了一个好男人，他在家里急切地想担起父亲的职责，同时你也确信在他的管教下孩子会变得更好，因为他比你擅长教育孩子。但是记住，不要放弃你自己作为母亲的权威，即便自结婚以来你都顶着"坏妈妈"的头衔。当你和自己12岁的儿子争执不下时，你的确会忍不住做出甩手给伴侣的举动："我管不了他了！你过来管！"尽管如此，你还是要忍住这种冲动，自己来处理，即便你感到一筹莫展，但这就是父母应尽的职责。

如果你的丈夫忍受不了你和孩子沟通问题的方式，可以劝他离开房间。要让他知道,你很重视他的反馈,但前提是不要当着孩子的面说出来,最好能用一种尊重你的方式表达。总之,妈妈需要在不放弃自己家长权威的同时,去接纳丈夫的感受以及好建议。将他视为生活中重要的幕后教练,这样做既有利于孩子的成长,又可以大大提升你们的婚姻质量。

附言:

继父母们,如果你们想让自己的婚姻关系顺遂和谐,不妨记住下面这些看似矛盾的话:如果你足够幸运,足够有耐心,你有可能会和你的继子女建立亲密的感情。当你进入一个新的家庭后,如果孩子尚小,你有时间陪他们成长。这当然有可能让你们建立形同父母与其亲生子女的关系,但是不能刻意强求。反过来说,建立形同父母与其亲生子女的关系是极有可能发生的,如果你视其为"额外的馈赠",而不是满怀期待或认为那是理所当然的结果。

继父母与继子女要学会以礼相待、互相尊重,同时,亲生父母,而不是继父母要负起主要的监督与执行责任,这些将会为再婚家庭减压不少。

> 建立形同父母与其亲生子女的关系是极有可能发生的,如果你视其为"额外的馈赠",而不是满怀期待或认为那是理所当然的结果。

定律 94　不要问"你更爱谁"这种傻问题

可以肯定的是，你和伴侣婚后不会有太多的独处时间，因为你们的绝大部分时间都会被孩子以及平衡关系这两大问题瓜分殆尽。如果你是继父母，你会发现你们的日常生活不是在围着孩子转，就是在一些家庭问题上纠缠不休，甚少有属于两个人的时间。你为此心有不快很正常。当对方总是抽不开身，看不到你也需要他时，你很容易心生沮丧。在某一时刻，你甚至会忍不住想问对方："你爱你的儿子多一点，还是爱我多一点？"

在再婚家庭这个新系统里，亲子关系要先于夫妻关系存在，孩子在前，所以有妒忌情绪很正常。但是，"你更爱谁"这个问题却有失合理性，父母对孩子的爱与责任怎么能与对伴侣的做比较呢？你或许也明知这实属无稽之谈，但是长期面对生活的压力，每个人难免都会有失态、失言的时候。这很正常，无须介怀。

你当然可以提出和伴侣独处的要求，就像你在原来那个家庭时一样。在婚姻专家比尔·道尔蒂（Bill Doherty）给出的维持稳固婚姻关系的若干建议里，其中有一条是每天和伴侣独处 15 分钟——没有孩子在旁，不谈家务事，也没有唠叨。这对任何形式的家庭都不失为一条良策，因为如今的伴侣们大都长期处于过度疲劳的状态，失去了对生活重心的聚焦。关键是，千万不要拿伴侣和你的相处时间以及给你的注意力，去和他自己孩子的做比较。

定律95 改变自己在再婚家庭里的立场

下面的这个小故事,很好地说明了一个再婚家庭是如何陷入困境又如何脱离困境的。

在艾米和大卫约会期间,一切看起来都那么美好而充满希望。他们俩都有各自在生活上的安排。大卫和艾米10岁的儿子杰克相处融洽,这个小家伙也喜欢亲近大卫。

艾米作为家里最小的孩子,让她今天成为一位自由奔放、不拘小节的母亲,但这同时也意味着她没有未雨绸缪的生活习惯。比如说,她经常把杰克接回家后突然想起家里没有做晚餐的食材。于是母子俩急匆匆地外出买比萨或者汉堡和可乐,然后坐在电视机前享用他们的晚餐,吃完后再来一场打嗝比赛。和很多家里最小的孩子一样,艾米有时看起来更像是儿子的同龄人,而不是一位母亲。但是艾米和儿子互相关照,支撑彼此,虽然她有时也会对抚养儿子表现得不自信,但她与儿子的相处倒一直没出现过什么问题。

大卫作为家里的长子,是一个非常讲究条理的男性,长艾米5岁。此外,他在上一段婚姻里的女儿已经踏入了社会。可直到他和艾米两人举办了婚礼,搬进了艾米的房子后,他才发现,在抚养孩子以及生活方式上,自己有多看不惯艾米的"得过且过"。

当大卫开始在生活的方方面面强行"整顿"时,艾米也只是象征性地挣扎不满了一下：杜绝快餐、严禁边看电视边吃饭、杰克每天早晨要整理自己的床铺、杰克每周最多只能看7个小时的电视。

然而，大卫干预的事情越多，小杰克就变得越来越排斥他："这个破坏我和妈妈关系的新叔叔是谁？"这其实是让他迷失自我的过程。更糟的是，这个叔叔还表现出一副自己的行为才是合格的模样，而他的亲生妈妈看起来对他也不再关怀备至。这让杰克有种被抛弃的感觉。

当他们来找我时，双方已经到了过不下去的地步。杰克的学习成绩直线下降，从原来的差不多全A降到了现在的差不多全C。艾米也被儿子和大卫之间的怨怼情绪搞得不知所措，既感到抑郁，又不舍得大卫离开自己。而大卫呢，也几近放弃这段感情。他最初对生活的希望与美好憧憬荡然无存，唯剩此刻的不堪重负和不被理解的委屈，同时对杰克也变得深恶痛绝起来。

该怎么办呢？他们需要看到双方的关系已经岌岌可危，更不必说彼此的理智还剩多少了，双方都必须为这段婚姻负起自己的责任来。艾米要自己教育儿子。出于对大卫的尊重，她要学习强化管理，给儿子定规矩，并要严格执行，比如："你可以让你的卧室一团糟，但是公共场所要保持整洁有序。"

对大卫来说，困难则在于他要学会放手，把自己置于一个边缘位置，留给艾米学习给杰克的生活制定秩序的空间。艾米必须要学会维护并不断重申自己作为杰克母亲的权威，懂得区分大卫何时是在给有帮助的建议,何时是在越界。随着不断的练习,艾米学会了如何创造性地向对方表达自己的想法:"大卫,你教育孩子的观念真的很不错,我也很想多向你学习学习。但是当你对我的做法指手画脚或者命令我应该怎么做时,我和杰克都感到很受伤。其实我们俩只是看待事情的角度不一样。我需要用对我有意义的方式抚养杰克,哪怕会犯错。"

当这三个人重新组成一个家庭时,艾米要坚定地告诉儿子杰克的一点是:"大卫永远不会取代你爸爸的位置。"这句话的另一层意思是:"大卫不会取代我的位置。"记住,孩子需要听到父母亲口告诉自己这个信息,这样他们才有可能接受父母的新伴侣。

定律 96 让孩子与双方的家庭保持联系

如果你想让自己的婚姻和再婚家庭更稳固,不妨学着支持孩子与另一个家庭里的所有成员来往,而如果你对另一个家庭里的某个人感觉并不良好,也要学着保持和善与尊重——将此两点作为自己的日常修行。

这也就是说,如果你 15 岁的继女安娜回到家后告诉你,她妈妈说你是一个控制狂,你需要沉住气,不要还击。因为如果你此时火冒三丈地攻击,家庭关系会立刻紧张起来,最终受伤害的是你的婚姻。

当然了，你可能会忍不住说"好吧安娜，你妈妈之所以认为我爱控制，是因为她总是我行我素"，或者"你妈妈只是不喜欢我才这样说"，也或者"我想你妈妈是感受到了我的威胁，所以想利用你对抗我"；也可能你什么都没说，但却阴沉着脸，怒火中烧；或者你听完后很难过，感到受伤，于是自顾自地不再理会继女；或者你把压抑的怒火一股脑全发泄在丈夫身上；你还可能强硬地要求丈夫当晚给前妻打电话，警告她不要再离间你和安娜的关系。

不要这样做，请放下这件事，放过自己。深呼吸，然后告诉自己，你替代了继女母亲在这个家庭里的位置，她因感到焦虑说一些诋毁你的话完全正常。沉住气意味着你不会因为那句话上钩，不会继续在这个三角关系里做无谓的纠缠。

相反，你听完后可以畅怀大笑，然后告诉安娜："哇哦，我可能是有点爱控制，不像你妈妈那样随性自由。"或者说："嗯，你妈妈和我是两个不一样的人，所以处事风格会有所不同。"你也可以在安娜把她妈妈说你是一个怪胎的原话转述给你时说："你知道吗？那只是你妈妈的看法，我从来不会认为自己是那个样子的。"

如果你能用一种不经意的平和语气说出这些话，那将会给你们的家庭关系带来很深远的影响。要知道，没有什么比学会转化自己激烈的情绪反应更重要。放松和幽默可以化解并疗愈此类三角纠缠，而激烈反应只会让关系不断恶化下去。

你需要记住，孩子最在意的是他们的亲生父母是如何对待自己的以及两个家庭的大人是如何相处的。他们不想让你对另一个家庭采取冷漠敌对的态度，或者做一些威胁到他们与"另一边"亲属的关系的事情。最重要的是，他们不想消极或评判性地看待和自己有关系的成年家庭成员。

学着支持你的继子女保持和所有的家庭成员的联系，同样也支持你自己的孩子保持与你的前任及他的家庭成员的联系。这是一个随着时间过去会强化你们婚姻关系的圆满立场。学着把"另一边"成年人的恶意诋毁看作不懂得管理内心焦虑的不成熟行为。去做正确的事，虽然过程不易，但这是一场值得的修行。

> 去做正确的事，虽然过程不易，但这是一场值得的修行。

第十章
与原生家庭和谐相处是
拥有幸福婚姻的捷径

在走进婚姻的殿堂之前,我们在家庭里的身份是儿子或女儿,以及兄弟或姐妹,而正是这个我们在其中成长起来的原生家庭,给我们的一生带来了不可磨灭的影响,在这里,婚姻奠定了它在我们心中最初的模样。同时,它还是我们学习与他人建立联系的第一实验场地,决定了我们能否表达自我,是否懂得协商与让步,如何处理冲突和差异,能否带着真诚和尊重与他人相处。

还是孩子时的我们,基本上无力质疑家长的权威,或者挑战家庭里每个人的角色设定。孩子出于经济与情感上的依赖,为了拥有归属感,学会了压制他们的一部分自我。但是现在,我们作为要直面自己婚姻的成年人,则需要自主决定如何经营我们所有的关系,包括与在成长过程中塑造了我们价值与信念的家人的关系。我们在婚后如何看待自己的原生家庭,对我们的婚姻有着深远的影响。

与传统意义上的独立不同,不是说从父母家里搬出来,找到了一份挣钱的工作,然后在离家很远的地方和伴侣过起了日子,就叫独立。真正的独立是指:在能与家人保持密切联系的同时还能保持自我;在不防御、不攻击的前提下自由表达自己的想法与感受;可以无阻碍地发问以了解家族历史,从一个更加客观、多面的角度看待每位家庭成员;能够觉察并改变自己在失调家庭模式里的应对方式。在一些相处艰难的时刻,能够清醒地守住"我"与"我们"的界限是我们人类面对的最大挑战。在原生家庭里学习这门功课是我们拥有幸福婚姻的捷径。

你也许并不愿意承认原生家庭会给自己的婚姻关系带来如此深远的影响,反而可能一直以来都把婚姻当作摆脱家人影响的出路——抱歉,这样做根本行不通。但也有一个好消息,那就是你并非一定要先处理好自己在原生家庭里的问题才能提高婚姻质量!用心领会本章的内容,你会在伴侣面前拥有坚定的立场,即便面对婚姻中最困难的问题,你也能够以多一些创造力、少一些激烈反应的方式妥善解决。与我们原生家庭建立健康互动模式的途径,会是一条漫漫长路,但不妨记住我的话——做一个大胆的冒险者,亲自去探究婚姻的本质!

定律 97　在原生家庭里做一名好"公民"

婚姻关系会因时刻围绕家庭事务而变得沉重不堪,这是我们要与自己的原生家庭保持连接的众多原因之一。学会在原生家庭里做一个好公民,哪怕是在整个大家族里,就像你在渴望自己被重视和理解的团体或组织里立志要成为声誉良好的一员一样。如果你有了孩子,那么你这样做也是在给伴侣和孩子示范履行对家庭的承诺,在保证这种正面的言行会作为一种优良传统留给后代。

好公民需要从以下 4 个方面做起:

1. 参与重要的家庭活动。参与家庭里的重要事件，包括毕业典礼、成人礼、婚礼、家人团聚日、重要的生日宴及葬礼。如果你实在是无法到场，那就尽全力去弥补，比如亲自打电话告知对方，送花或贺卡，或者做其他任何符合对方价值取向及与所发生事件对题的事情。即便你感觉一些家庭活动与仪式不过是累人的差事，也一定要参与其中。

2. 不要让伴侣来定义你与自己家庭的关系。无论你因为伴侣和自己家人的关系搞得有多难维系，你都负有百分百的责任。当然了，如果你没有和伴侣协商，便擅自决定让自己的表弟杰克住进了自家的地下室，那你的伴侣就有权过问此事。如果你的母亲对你的伴侣粗鲁无礼，而你又不知如何向母亲开口规劝则是你的责任。记住，永远都不要牺牲你与伴侣的关系来维护你与家人的关系，反之亦然。

3. 与亲戚中那些家庭幸福的亲属保持联系。在任何家庭的数代人中，你都会看到圣人与罪人，品行优良的人与道德败坏的人同在。如果你认为自己的新家庭有走向异常的可能，不妨特别留意自己家族中那些家庭幸福的亲属，多多了解他们。这些亲属也是你的家人，你与他们的关系越紧密，你就越能客观地看待你的家庭、你自己，乃至你的婚姻。

4. 建立自己对"良好公民"的信念。不妨花些时间认真思考自己的价值观。在你看来,怎样才算是好儿子、好女儿、合格的父母、曾/祖父母、姨母、叔叔或兄弟姐妹?学着以自己的核心价值与信念为出发点塑造自己在家庭里的角色,而不是随意地复制其他家人那些不负责任的举动。

对本定律及下文内容的一个小提示:和家庭中最不好相处的人保持适当的联系是个不错的主意,但如果此举会令你心怀不安,无法控制住因此而产生的焦虑情绪,自我保护是首选——那就忘了他们吧。如果你想和他们保持距离,尽管去做,不要有顾虑。

> 无论你因为伴侣和自己家人的关系搞得有多难维系,你都负有百分百的责任。

定律 98 学会宏观看待自己的家庭:绘制家谱

俗话说"眼不见为净"。然而,一个家庭里所发生的事情却往往与这句话背道而驰。你对自己的家族历史了解得越少,反倒越容易重复或者无意识地对抗那些失调的家庭模式;如果你未深入了解父母以及自己的成长历史,你就不可能客观地看待父母,因为这决定了你能向后看多远。

也许你确信自己完全了解家人。实际上,我们多数人都有想向外人说说的自己家人的故事,有时可能只是一个结论:"我妈是个自恋狂。"那些我们一遍遍讲起的故事还可能引发他人的羡慕:"你哥哥太了不起了!"抑或同情:"你爸真是太挑剔、太古板了!"我们对家人的认识多停留在这些故事里,不愿改变。

趁家人还在世的时候,去向他们挖掘这些故事背后更多的事实吧。如果可以,直接和父母交谈,迫不得已时也可以通过其他亲属了解。我在这里说的交谈,就是传统意义上的面对面说话。如果这种方式对你而言不太现实,也可以打电话交流。不要等到可以告诉你答案的人去世了,才想起要了解母亲在外婆去世时是多大年纪或者你的祖籍是哪里这样的问题。不要妄想从你表哥山姆因做族谱研究而搜集来的数页姓名及日期中就可以摸清一切,因为什么都比不上你亲自联络家人并和他们打开话题更有意义。一定要亲自绘制属于你自己的家谱!

像所有值得做的事情一样,弄清楚家庭的历史是一个长期工程,需要不断地补充与完善。你关注的时间越长,你会发现提出疑问将会引出越多你之前并不知道的故事,这些故事反过来又能引发你越多的疑问。通过留意那些家人不愿说起而你自己也不好开口问的过往或经历,你还可以了解更多在自己成长过程中发生的敏感事件,而这些敏感事件极有可能会在你的婚姻中重现。

在纸上绘制家庭历史有助于你从一个更广阔的角度解读你

的家庭故事，而你的婚姻只是其中一个与故事情节有极大关联的章节。另外，了解伴侣的家庭历史不仅可以帮你了解他的发色及身高的遗传问题，还可以发现他身上那些弱点的来源及其成长中所面对的挑战。

定律 99　学会做一个会问问题的人

当诺贝尔物理学奖得主伊西多·艾萨克·拉比（Isidor I. Rabi）被问起是什么促使他成为一名科学家时，他回答是自己那位住在布鲁克林的犹太母亲。他说，当其他母亲都在问孩子每天在学校学到了什么时，他的母亲问的却是另外一个问题。"伊兹，"母亲总是这样问道，"你今天问问题了吗？"

"而正是每天这个好奇的发问，让我成了一名科学家，"拉比如是回答。

学着在家庭里成为一名科学家，学会问问题并用心倾听。不断地发问可以让你看到父母更加真实的一面。毕竟在你出生前，他们已拥有相当丰富的人生经历。你越能客观地看待自己的父母，就越能客观地认识自己和伴侣。此外，你对家庭中的敏感事件了解得越多，就能越少地把自己潜意识里压抑的情感与焦虑带进你自己的婚姻中。但在开始问问题前，你需要注意以下几点：

1. 慢慢来，循序渐进。在开始较难沟通的话题前，不妨心平气和地先从一些较小的事情问起。如在向亲属询问事情前，你可以说："越长大，我反倒发现自己对家里的事了解得越少了。我现在想要绘制一份家谱图，不知您是否方便帮我补充一些姓名和时间呢？"学会带着好奇与尊重询问家人。

2. 当你对一件事探究得越深，问的问题就要越具体。父母通常会对那些模糊笼统的问题摸不着头脑，如"你爸爸去世那么早，你有什么感受？""你和你母亲的关系如何？"正确的问法是，问得越具体越好："在你爸爸去世后，你和你母亲的关系更近了还是更远了？""家里都有哪些人来参加葬礼了？""你母亲是否说起过她的感受和悲恸？她是一个坚强的人吗？"当父母或其他家庭成员知道他们提供的信息可以帮到你，并且也相信在此过程中他们不会受到评判或指责时，他们通常都持乐于配合的态度。

3. 不要试图打破砂锅问到底，每次搜集一部分信息。在询问时，你要多留意对方的情绪反应，在父母或其他亲属疲累或厌烦前结束问话。要知道，再重要的谈话也不需要刨根问底，你可以挑时间与他们重议话题，一点点推进。

> 你对家庭中的敏感事件了解得越多,就能越少地把自己潜意识里压抑的情感与焦虑带进你自己的婚姻中。

定律100 学会表达自己的想法

学会在家人面前表达自己的想法是强化我们的婚姻关系最有益的成长练习,同时也是强化我们人际关系的练习。事实上,你之所以无法让伴侣倾听到你的心声,也许是因为你做不到在母亲(或父亲、姐妹、叔叔等人)面前表达自己不同的想法:"你知道吗,妈妈,我并不这样认为,我的想法是……"

"表达自己不同的想法"究竟是什么意思呢?它不是指反驳家人,反驳家人并不能使我们成长,因为当我们进入和家人对峙的状态后,就光想着如何改变或说服对方,而这往往又是不可能的事情。我们也许还想暗地里借此机会报复对方一下,让他们也体验一下不被认同的糟糕感受,可这同样无法让对方真正接纳我们的想法。

相反,表达自己的想法是指我们能心平气和地把自己的想法和感受说出来,同时也允许对方表达他的想法和感受。我们内心不会因为双方存在差异而紧张,亦不会想着纠正对方的观点或把自己的想法强加给对方。要明白,表达自我并不能让对方就此认同我们的想法,若带有此目的,则只会让对方感受到有压力与不适。

乔安娜是我的一位来访者,她与另一位女士卡罗琳娜结为了夫妻。因为这件事,她的耳边充斥着母亲的恶言詈辞。母亲憎恶同性恋,将女儿的婚姻视作一桩无法忍受的问题婚姻。乔安娜因此厉声斥责自己的母亲,不断教育她,暗自与她较劲、生闷气,但这些都没法让母亲接纳这桩婚姻。终于有一天,乔安娜心平气和地说出了自己的想法,请求母亲认真考虑她的婚姻,事情竟然发生了意想不到的转机。"妈妈,"她说道,"我还记得在之前的谈话中,你说过你认为我天生有同性恋的倾向,因为你爱我所以你不得不接受这个事实。但我和你的想法不一样。当我第一次意识到自己对同性有着那种微妙的情感时,我的内心很害怕,也怀疑过自己是不是有问题,可随后我就完全打消了这个念头。我和卡罗琳娜的婚姻是老天送给我的最好礼物。但就算没有遇到她,我也不会改变真实的自己,不会在世俗观念的胁迫下改变我的性取向。你的真实想法又是什么呢?"

乔安娜的母亲终于直面了这个事实,一改早前的态度,开始学着尊重女儿的婚姻,而不再是抗拒和忍耐。即便母亲听完后依旧恶言反击,乔安娜也已经坚持了她作为成年人的立场。就从那场谈话开始,乔安娜的言语间充满了做自己的骄傲,并对自己与卡罗琳娜建立的家庭给予了充分的肯定。在这个过程中,她没有防御或攻击,也没有试图去反抗或说服母亲。

每个家庭都会遇到难沟通的话题,要在那些艰难的时刻学着说:"你知道吗?我并不这样看,我的想法是……"这的确是一个极大的挑战。如果你在原生家庭里习得了表达自己想法的能力,那你将会构建出一个更加坚定的自我,同时也能在伴侣面前更好地做自己。

定律101　不要让探亲成为婚姻的威胁

结婚后的两个人将要面临如何在新家庭与原生家庭之间保持平衡的挑战。如果探亲一事向来都让你们两人颇感压力,那就要考虑如何妥善安排今后亲人们的探访。你不妨记住下面的话。

1. 不要让伴侣独自处理你家人来访的事宜。如果你的家人远道而来,不妨请一两天假。如若这样做不现实,可以选择在你的家人来你家探亲期间的某天提前几小时下班,这会让你的家人感受到你对他们的重视。总之,在家人探访期间要想办法忙中偷闲陪伴他们。
2. 一对一互动。邀请每一位来访的家人和自己单独做一件事,比如和母亲绕着街区走上10分钟,或者是和哥哥在当地的咖啡店喝杯咖啡调侃一下运动赛事或天气。
3. 提前规划探访停留的时间。显然,这个问题可能会需要你们制定合适的方案。比如,当你告诉自己从日本飞过来的双亲,他们只能停留周末两天时,这显然是不合理的决定。但总的原则是,停留时间要以你和伴侣的意见为主。如果你的家人像很多人一样对这件事不以为然,那么你们的家庭关系在他们停留四五天(不是四五分钟)后可能变得紧张不堪。实际上,探亲的时间并不是越长越好。

4. 表达自己对私人空间的需求。你如果想在探亲期间休息放松,可以直接表达出来。探亲这个概念很宽泛,可以是离开房间到外面散步,也可以是在为期十天的拜访父母的行程里,和伴侣来一场三日游。如果拜访父母对你或伴侣来说是一件极其困难的事情,不妨考虑预订宾馆或租车,这能避免让一次圆满的团聚之旅转化成一场灾难,钱也算是花到了刀刃上。父母也许会因此责问你们为什么不在他们的客房里睡觉,但若你们能机智地给出令他们满意的解释,相信他们也不会再计较。

5. 预料到会有敏感问题出现。当和家人在一起时,你非常清楚自己的情绪开关在哪里,也许是姐姐对自己儿子"疯癫"行为的评论,也许是母亲抓着哥哥犯的错喋喋不休,也可能是父亲三句话不离他的生意。不妨提前想好应对之策,管理好自己的反应模式,避免让矛盾升级。你也可以预先告诉伴侣如何在这些关键时刻帮自己解围。

6. 设定合理的目标。如果你的家庭容易发生冲突或争执,

> 生存就是你在探亲时可以实现的最合理目标；观察家人的言行也是一个有价值的目标；能在探亲期间做到冷静、不参与任何争吵也是一个意义重大的目标。如果你觉得这些目标的实现对你而言毫无难度，不妨让目标升级，与家人尝试一些全新的互动模式，比如不给家人提建议，请求父亲陪你外出散步，向家人了解陈年往事，与家人探讨你的个人问题，或者和母亲尝试将积极面与消极面的比例维持在5∶1的沟通方式。

以成熟而又考虑周到的方式处理与家人的关系，这是我们在婚姻里要学习的一门重要功课。挑战就在于要提前想到可能会发生的问题并做好应对计划，而不是一切靠临场发挥，最终将自己的压力转嫁给婚姻中无辜的伴侣。

> 探亲期间不妨考虑预订宾馆或租车，这能避免让一次圆满的团聚之旅转化成一场灾难。

定律102　在家人面前全力支持自己的伴侣

伴侣的家庭并不仅仅是他一个人的负担或福祉。在幸福的婚姻里，伴侣双方可以在家人面前依靠彼此获得支持。以下 5 点可以让对方感受到你对他的支持，而你给伴侣的每一份支持都将成为让你们感情更加亲密且长久的养分，你也会在支持伴侣的过程中赢得对方的钦佩与感激。

1. 支持伴侣亲密的家庭关系。如果你的伴侣和她姐姐的关系亲密无间，不妨学着理解或者说容忍她在探亲时想和姐姐黏在一起或者煲电话粥的举动。你会对她们的终生姐妹情缘感到妒忌很正常，但不妨学着包容大度些。与其感到被冷落、孤立，不如学着说："孩子由我来带，你放心地和姐姐出去吧。"

2. 尊重伴侣的家庭文化。如果伴侣的家人喜爱棋盘游戏或者选择到密苏里州的布兰森小镇全家团聚，不妨做一个有风度的人，即便你更愿意到曼哈顿岛来场博物馆之旅。热情地参与到伴侣的家庭活动中去，即使那也许并不合你意。你在探亲时的职责，是在与伴侣的家人建立良好关系的同时，学会全力支持自己的伴侣。

3. 帮助伴侣缓和与家人的紧张关系。在你们回家探亲期间，试着邀请与伴侣关系紧张的家庭成员和自己共享午后时光。这不仅能给伴侣喘口气的机会，还可以让你趁机更好地了解伴侣的家人，其实也是更好地了解自己的伴侣。如果妻子要邀请一位执拗的姨母来参加生日宴，你可以主动替她打电话邀请。因为你的童年经历与伴侣的家庭并无交集，所以介入会更容易些，即使你发现那个任务会令你感到不悦。

4. 只倾听，不煽动。如果伴侣有一位你们俩都应付不了的家庭成员，你只需要支持自己的伴侣，不要火上浇油。这一点非常重要。伴侣在此时需要的只是单纯的发泄，而不是火上浇油的鼓动。我们此时给对方的最好回应是："我很理解你生气的原因，我会尽我所能地帮你摆脱困境。"绝对不要煽动伴侣："你是对的，弗雷德是世界上最差劲的兄弟！你还记得那次他在你生日晚会上迟到两小时吗？"

5. 问清楚伴侣你该如何为其提供帮助。这不是说你同意把她坐在后座上絮叨不停的双亲扔到河里去，你可以用幽默、分散注意力与关爱的方式让伴侣冷静下来。学会同理伴侣的艰难处境："我的家人很好相处。我现在很难想象和一位古板的父亲交流会是什么样的场景。"

全力支持你的伴侣不是说与她一起将愤怒的矛头指向某个家人，或者抱着一种"怎么都行"的附和态度，而是指你在接纳与支持伴侣的想法的同时，鼓励她与家人保持连接。当你参与其中时，不妨学着用你最具创造力的想法引导伴侣。

定律103 与原生家庭断绝来往不可取

我们根本无法与原生家庭做到真正意义上的"一刀两断"。原因就在于：如果我们与一位重要的家人断绝了来往，这个人反倒会更加突出地影响我们的生活，因为我们会在无意识中想起那个人。当我们有意地切断了与家庭历史中某个部分的联系，我们试图回避的感受并不会随之而去。相反，这些痛苦的感受会蛰伏在潜意识里，毫无征兆地出现在我们与伴侣的婚姻中。如果你们有孩子，那么孩子则更容易成为你那些情绪的"替罪羊"。与原生家庭断绝来往，包括大家庭在内，都对我们的婚姻有着破坏性的影响。

断绝来往是逃离关系的一种极端方式。我们只是试图通过把某个家庭成员从自己的生活里去除，假装他们不存在的方式，来降低我们的情感强度。而有些人不会轻易选择断绝来往，也许是因为他们对这一段关系还有所期待，或者情感反应较为迟钝。事实上，人们选择断绝来往是为了免受潜在的不可控情绪影响，让自己在心理上达到一种安全舒适的状态。在我父亲的家庭里，普遍存在着一些心灵上的创伤，所以断绝来往的现象在他的家庭中随处可见：我奶奶和她原生家庭里的所有成员都断绝了来往，包括和我姑姑安——她唯一的女儿，而我姑姑则又和我及妹妹断绝了来往。因此，我决定从我这一代开始打破这个恶性循环，不再让其传递到下一代。

尊重自己当前所需的关系距离，同时也试着畅想一个全新的关系状态，因为有些事情也许会发生转变，让你开始考虑以一种安全的方式与他人建立某种形式的联系。或许在某一天，你会突然发现与过去某个人的和解方式。这其实也是与过去的自己和解。你会因此看到自己给婚姻带来的影响，这可能会让你与伴侣的关系变得轻松起来。

> 如果我们有意地与一位重要的家人断绝了来往，我们便会在无意识中想起那个人。

定律104　在感到苦恼时表达自己的心声

你可能想把不止一位家人的照片投入"家人交换箱"（动漫道具之一，外观是一幢房子，可以将家人进行交换），重新换一个家人出来。但如果你的心理足够成熟，你就会认识到家人的评判、专制、无礼及其他令人讨厌的行为不过是在针对他自己，而并非针对你。你还会看到这位家人出于缺乏安全感或不快乐所表现出来的行为背后隐藏着的善意。但因为我们天性中有容易反应过激的一面，因为我们生长于其中的家庭无法保证每个人都能成熟起来，所以我们更可能会因为某个家人做出的令人受伤的行为而感到苦恼，尤其当对方习惯性如此的时候。如果是这样的话，为了你的婚姻幸福与身心健康，你最好学着把自己的想法表达出来。当然，要在自己冷静的时候如此行事。

你可以说："我尊重你抚养孩子的方式（或者饮食方式、装修风格、对厨房的格局安排），但是你若能考虑一下这个家里其他人的想法就更好了。"你也可以说说你的困惑："妈妈，你为我女儿莫丽感到骄傲吗？从你每次说起你孙子亚伦的语气里，我有时会感觉你眼里就只有他这一个孙子，根本看不到你孙女的存在。"你还可以直接请求："爸爸，其实你说妈妈的不是，会让我心里很难过。你们两个都是我深爱的人，我谁也离不了，所以我真的不希望再听到你对我妈妈说长道短了。"

我们的无意识行为大多根深蒂固，很难说改就一下子改掉，所以有些话你可能得反复提起，同时也要学会接受对方也许一辈子都不会开窍的事实。这和你的沟通能力无关，也和他们爱你的程度无关。可即便如此，你依然要表达出来，因为这很重要。

多用心留意自己与家人的说话方式，在与对方交流时带着怒气，甚至是语气里透露出丝毫抵触情绪，都会阻碍沟通。尤其在和父母沟通时，如果他们从你的话语里捕捉到了他们不是好父母的信息，就极易进入防御状态，感到受伤，并马上封闭自己的情感。你需要记住，我们与原生家庭的关系一旦出现裂痕，要比我们的婚姻更难修复。如果你有一天因为心情不佳对伴侣乱发脾气，你们的朝夕相处以及婚姻在家庭中占第一位等因素也会让你们有机会通过争吵或放下的方式缓和关系；但是修复与家人出现的感情裂痕相对而言就会困难很多，尤其是与远在他乡的家人。所以,当你要表达自己的想法时,一定要明智,考虑周全。

定律105　父母要清楚自己的职责所在

当伴侣中的一方(通常是男人)"冷处理"与父母或其他家庭成员出现的问题时,另一方(通常是女人)则容易"反应过度"。家庭里最常见的"婆媳矛盾"就是这样产生的。男人通常会选择与母亲保持亲近的距离,也会适时地向母亲表达自己的想法,于是负面情绪便在两个女人之间产生了。这时最好的解决办法是:男人要主动出面向自己的母亲说明情况,而不是抱着无所谓的态度,徒留伴侣独自生气地应对她所认为的侵犯。

杰克来找我时,他的家庭关系正处于危急状态。他因妻子与寡居的母亲无法和平相处而感到无奈与绝望。住在加州的母亲罗莎来到堪萨斯城看望他们一家,进了家门便扮起了女主人的角色,不断评判妻子抚养孩子的方式有问题,从喂养孩子的食物不对(蛋白质不足)到管教不够("孩子都不会帮忙收拾桌子"),对大大小小的事情不停挑刺,而这让她们的关系直降到冰点。作为反击,妻子朱迪告诉杰克她已经受够了他母亲,并说让他母亲永远都不要再来了。杰克试图让妻子"理解"母亲的用心,结果却引发了妻子更激烈的反应。

我帮杰克理清了他该如何帮助妻子和母亲化解此类家庭危

机。首先，他要告诉妻子，他不会禁止母亲来访。他需要以坚定而有爱的方式来捍卫这个底线，因为问题并不是非要从父母和伴侣中二选一才能解决。其次，杰克要因早前让妻子容忍母亲的不当行为一事对妻子表达歉意："亲爱的，对不起，我应该及时站出来阻止母亲对你评头论足的。我知道她在很多方面都做过了头，这样当然是不对的。"最后，他要让妻子知道他会就这些事情和母亲好好谈谈。

接下来杰克就得说到做到。他特意请了一天假，确保能和母亲单独聊一聊近期出现的状况。他以了解母亲真实的生活近况为切入点，向母亲讲起了自己在工作中遇到的难题，而不仅仅是将话题停留在亲切又浅显的层面上。这本身便会缓和母亲这段时间以来的紧张情绪。罗莎之所以对朱迪怀着评判的态度，都归因于她感觉在儿子结婚后她失去了他。的确，自结婚后，杰克给母亲打电话的次数明显减少了。即便他和母亲通话，内容也多是老套的寒暄。

除此之外，杰克打算进一步深入家庭矛盾的中心。他试着用关爱而非指责的方式谈一谈她对妻子的批评。"妈妈，您和朱迪是我生命中最重要的两个女人，朱迪是我妻子，您是我妈妈，我希望你们两个能好好相处，尊重彼此。我知道您在养育小孩这件事上绝对是个专家，而我和朱迪还是摸索中的新手。可是，哪怕我们会犯错误，我们也得摸索出一套自己的方法。我们需要您的尊重和支持，即便您可能并不赞成我们的方式。"他在表达过程中让母亲了解到，朱迪的育儿方法与他本人及母亲的一样丰富。

当母亲听罢反击时,杰克态度坚定,以幽默而得体的方式坚决维护了自己的立场。罗莎争辩说:"我没有批评朱迪,我不过是想帮忙,她是不愿听我的才说我是批评她!"杰克安静地听母亲说完,然后回道:"妈妈,您做母亲的经验十足,您看您把我培养得多优秀,所以朱迪才会被我迷住!但是现在朱迪和我得从犯错中学会养育自己的后代。"母亲苦涩地回答:"好吧,那我以后保留自己的意见。"杰克抱了抱母亲,说:"妈妈,如果您认为我们哪里做得不够好,尽管对我说。您放心,您提出的任何建议,我都会洗耳恭听。"

诚然,转变不可能因为一次谈话就能发生,这需要杰克长期坚守住自己作为丈夫和儿子的底线。与此同时,朱迪也在学着用轻松和幽默的方式软处理与婆婆的冲突或矛盾,主动化解矛盾。比如,当母亲说自从家里开始吃素以来,他们的女儿变得越来越瘦弱,看起来像一根站不稳的麻秆时,朱迪不再被自己的情绪控制,反而顺势和婆婆开起了玩笑:"您当真认为艾玛要瘦成麻秆了吗?我们家族中刚好圆南瓜太多,正好用这个小麻秆平衡一下。"朱迪还学会了对罗莎的优点大加赞赏(毫无疑问,每个人都有优点),这给了杰克更多与母亲发展深厚母子感情的空间。

这个家庭矛盾的和解所带来的馈赠,不仅让罗莎今后的来访变得更轻松自在了,还让杰克与母亲建立了更为真实的母子关系;此外,杰克的自尊与自信也得到了很大的提高;而令朱迪没有预料到的是,一开始她还略感压力,但之后她意识到,她将与之终老的丈夫竟是一位比初见时更坦率真诚(绝非一般意义上的敢作敢当）的男人。当我们在原生家庭里找回自己的声音后，我们自然而然就把更强大、更自信的自我带入了婚姻关系中。

定律106　写一封不发送的邮件

不妨在自己的电脑前贴上这样一句留言："如果你此刻感到愤怒、被误解或有其他情绪，千万不要写这封邮件！"而如果你收到了一封带有强烈情绪反应的邮件，记住一定不要带着怒气回复对方。相反，你不妨学着简短回复："谢谢你的诚实，我会认真考虑你说的话。我们可以约时间详聊，或者下次见面后再谈此事。"尽量不要在邮件中交流矛盾，要学会当面沟通或者在电话中交流。

最不可取的沟通问题的方式，就是给对方写一封绘声绘色、滴水不漏的冗长邮件（甚至比本定律还长），幻想着对方能明白并接受你无懈可击的观点，或者真正领会你的伤痛。在这方面我没有做过大范围的研究，但从我的日常观察结果来看，邮件的字里行间负载的情绪越浓，关系滑坡的速度就越快。

邮件中的语气很容易让人产生误解。写邮件的沟通过程与面对面交流是完全不同的。即便是一句简短的、建设性的批评，当写到邮件中时，也可能会引发矛盾升级。奇妮是我的一位来访者，她对弟弟乔在自己家里的表现感到非常不满：他整天瘫坐在房子里，十指不沾阳春水，什么都不管不问。在有一次弟弟离开她家后，她给弟弟写了封邮件："很欢迎你来我家做客，但是我要告诉你的是，我家不是免费的宾馆，所以下次再来的话，请自觉出份力，帮忙做点事情。"而她的弟弟，我想他一定是感受到了奇耻大辱，回复了一封更长并且充满抵触情绪的邮件。奇妮读完后又回了一封更长的邮件解释。最后的结局是，她弟弟回复说她无须担心，他从今往后再也不会踏进她的家门制造麻烦了。

虽然姐弟俩的关系最终得到了和解，但是双方都为此事感到很受伤。而真正导致两人关系破裂的元凶并不是这两个人，而是最初的那封邮件。若奇妮当时肯把意见当着弟弟的面说出来，事情也不至于在绕这么一个大圈之后陷入僵局。姐姐可以说"嘿，乔，过来帮我摆一下餐桌"，或是"乔，给你吸尘器，我正在做饭腾不出手来，你帮忙打扫一下客厅吧"。如果弟弟把姐姐的话当成了耳旁风，姐姐可以进一步要求："嘿，乔，我现在忙得一团糟，刚才我说了两遍让你帮忙擦下桌子，你都装听不见，你是想干吗？"

当面交流需要勇气，写邮件可什么都不需要，尽管写邮件是一个理清问题所在、畅所欲言或者释怀的好方法。不妨把和家人的每一次沟通都当作更有觉知、勇气与信心地去经营自己婚姻的最佳试验。

> 要么畅所欲言，要么在心里轻轻放下。

后记　我给你的承诺

前不久的一天晚上，我丈夫似有所悟地说，在我们一起生活的四十多年里，他体验到了好几种婚姻状态。我对他的话深表赞同。我们俩的关系从在纽约和伯克利求学时期的研究生情侣，到在托皮卡结为夫妇，前后有着本质的差别，尤其在我们做了父母后。而等我们的儿子都相继长大，离开家，然后各自成家，我们的婚姻又进入了另一种状态。相伴这么多年，随着对婚姻有了更为真切的认识，我们也都成熟起来。但这并不是说在某些时刻，我们真的会比11岁孩子处理问题的方式理性客观。

和我们身体上发生的变化一样，两个人的关系的改变也是一个充满戏剧性却又在日常生活中难以察觉到的过程。我无法具体地说出在我们携手走过的漫长岁月里一共经历了几种婚姻状态，七种吗？这不正是我们住过的房子、搬过家的次数吗？但无论你们的婚姻里包含几种婚姻状态，我可以向你们保证的是：若你们选择相守余生，你们的婚姻关系必然会以你们无法预料的方式发生变化。

这个事实既不好也不坏，更确切地说，它既有好处又有坏处。坏处是：如果你们此刻的关系顺遂如愿，那千万不要打盹偷懒，因为两个人在一起的生活难免会出现意想不到的波折；而好处便是：如果你们此刻的关系发展得艰难又令你们失望，一定不要失去希望，因为变化将是你们获得转机的唯一途径。不妨试着用长远的目光看待我们的婚姻，而婚姻的意义也正在于此。我们需要靠暂停与耐心这两样东西去看清婚姻的样貌。

我的第二个承诺是：如果你从本书中选择10条定律（10条对你最有帮助和意义的定律），不断在生活中练习使用，你等于给了自己的婚姻一次成功的绝佳机会。你需要记住，从今天起，即便是一个微小却有意义的改变，半年后也能把你的婚姻关系提升到一个截然不同的层次，更不必说5年或10年的时间了。如果这本书此刻就在你手中，我相信你已准备好去捍卫和升华自己的婚姻关系了。已经很久没有人来寻求我的帮助了，因为他们决定跟随本书探寻幸福婚姻的奥义。

所以，不妨将本书当作一本帮助我们建立稳固关系与强大自我的实操指南，用心领会那些对你有价值的定律。最后，祝愿你的婚姻，还有你本人得到真正的绽放。

致谢

我想要感谢的人有很多。

如果问何为忠诚与陪伴,Jeffery Ann Goudie 与 Emily Kofron 给我的爱和友谊便是最好的答案。她们总是在我结稿的第一时间就开始编辑工作,每一本书稿都在她们手中得到了最好的关照。无论我发过去什么文字,Marcia Cebulska 都能以她独特的编辑视角给我最坦率的指导。对于这三位女士,我想说的是:在我的创作生涯里,若没有你们,就没有今天的我。

在我出版第一本书时,我的儿子 Matt 和 Ben 还是两个小男孩。你能想象到我在写这本书时甚至可以向他们求助,汲取他们慷慨与丰富的经验吗?这是多么神奇的事情啊!还要感谢我的两位儿媳 Josephine Saltmarsh 和 Ariana Mangual,谢谢她们的珍贵反馈,还有对我无条件的爱与支持。在此要给我妹妹 Susan Goldhor 一个大大的拥抱,她与我合写了多本儿童书籍,感谢她针对本书多个章节的内容所给予的极佳建议。

感谢那些伴我一路走来并给了我无数帮助的人,特别是在交谈中给了我莫大启发与指导的好友兼同事 Julie Cisz,给予我深刻建议的 Joanie Shoemaker,还有 Thomas Fox Averill、William

Doherty、Monica McGoldrick、Leonore Tiefer、Esther Perel、Caryn Miriam-Goldberg 以及 Brenda Kissam。特别感谢 Marian Sandmeir 用其优秀的编辑才能给予我大力支持。

我想我欠的知识与情感债是偿还不完了，这一切都是从我在门宁格基金会完成我的博士后教育且随后成了那里的一名心理医生开始的。在门宁格工作的数十年里，我遇到过很多位恩师。至今我还记得最初在远程网络中遇到的那位追求女权主义的美丽同事，她在我困难时支持我的工作，并让我对知识世界有了全新的理解。在工作中成就我的那些重要的理论学家、治疗师及革新者，如今已然说不出你们的名字，唯在此献上我最诚挚的谢意！

当 Gotham/Avery 的创立者兼主席 William Shinker（Bill）与我签约出版本书时，我感觉像是找到了归途。我写的第一本书《愤怒之舞》是 Bill 与 Janet Goldstein 帮我完成出版的，是 Bill 开启并成就了我的写作生涯。他自始至终都饱含丰富的出版才华与思想。我很感谢他所具备的完善人格及远见。此外，他曾答应我的那顿要亲自下厨的大餐，我可还清清楚楚地记着呢！Bill 配备给我的优秀执行编辑 Lauren Marino，虽然应我的要求很严格地督促我，但他依然会给我自行安排的空间。Cara Bedick 是 Lauren 身边的得力助手，思维严谨，做事效率高，于我而言也是一位不可多得的好搭档。Judy Myers 负责完成了手稿最后的编辑工作，谢谢她的辛苦付出。

说到我的经纪人 Jo-Lynne Worley，我已经不知道还可以说什么来表达对她的谢意了。自我们1990年的秋天开始合作以来,她从未停止过对我的支持。她淡然从容的耐心、稳定发挥的工作能力以及我们之间不离不弃的友情,让我对她有着深深的依赖。她也从未怀疑过我的能力。感谢她的陪伴、支持与信任。

最后,还要感谢我那不断扩大的网络家族成员,是你们让我愈加明了可行性的可贵,虽然我的来访者与忠实读者已经向我明示太多,但如果没有你们,这本书便不可能产生。我也要感谢坐落在堪萨斯州群山之中的美丽的劳伦斯市,2002年我们把家搬到了这里,这是一个适合居住和工作的完美之地。

谢谢我那有趣的、有爱的、大度的、有才的,兼具心理学家、音乐家与电影制片人等多重身份的丈夫斯蒂夫,在我们相识、相知、相伴的四十多年里所做的一切!每当我想起我们一起走过的那些日子,我还是难以想象我是如此幸运!